小学生金钥匙丛书
XIAOXUESHENG JINYAOSHI CONGSHU

金钥匙

课本里的
珍密档案

——— 董 瑶 编著 ———

U0721639

金盾出版社

内容提要

《小学生金钥匙丛书》以小学教材为主要解读对象，共分《课本里的珍密档案》、《课本里的童话王国》、《语文里的疑难问题解析》、《数学里的妙题巧解》等四册，为学生架起由课内到课外的桥梁。

《课本里的珍密档案》选取课本里珍藏的人物档案，历史掌故，逸事趣闻，以及鲜为人知的自然科学常识，按册次顺序逐一作了详尽的介绍，内容丰富，资料翔实，选取的角度特别新颖，既有助于激发学生的学习兴趣，又能够开拓其视野。同时，本书还可以作为教师教学和专家研究教材的参考书。

图书在版编目(CIP)数据

课本里的珍密档案/董瑶编著. -- 北京 ：金盾出版社,2012.1
(小学生金钥匙丛书)
ISBN 978-7-5082-7137-8

Ⅰ.①课…　Ⅱ.①董…　Ⅲ.①课程—小学—教学参考资料
Ⅳ.①G624

中国版本图书馆 CIP 数据核字(2011)第 166856 号

金盾出版社出版、总发行
北京太平路 5 号(地铁万寿路站往南)
邮政编码:100036　电话:68214039　83219215
传真:68276683　网址:www.jdcbs.cn
封面印刷:北京精美彩色印刷有限公司
正文印刷:北京天宇星印刷厂
装订:北京天宇星印刷厂
各地新华书店经销
开本:889×1194 1/32　印张:8.5
2012 年 1 月第 1 版第 1 次印刷
印数:1～6 000 册　定价:19.00 元

谛听密码转动的声响

——写给小读者的话

好奇是人的天性，也是儿童的共性。因为有了好奇心，才会对自己不了解的事物感到新奇，充满兴趣，产生强烈的探究欲望和动力。提高学习能力也少不了这种美妙的激情，而且我们小学课本的字里行间、段落篇章中留下了太多的空白，珍藏着太多的鲜为人知的秘密。于是，笔者在潜心研究的基础上编撰了这本《课本里的珍密档案》，希望读者们打开它就像听到了转动密码锁的那种神奇声响！

如果说课本是一片希望的田野，能长出沉甸甸的"庄稼"、鲜活嫩绿的"水果"和"蔬菜"的话，那么，在这片肥沃的田野里还可以挖掘出许多看不见的"宝藏"。它们像金子那样闪光，像玉石那样晶莹，集于一册，藏于木匣，只等待我们灵巧的手指轻轻地转动锁上的密码，就会徐徐地把它打开，让耀眼的光芒如电弧般照亮我们的眼睛、震撼我们的心灵：

这里有"沐浴在血与火中的人生"、"你所不知道的黄继光"、"邱少云险些被埋没的事迹"、"史铁生和他的母亲的故事"、"《蒙娜丽莎》追寻记"、"《清明上河图》传奇"、"太空看长城之谜"、"风筝的秘闻"、"植物开花的奥秘"、"让你着迷的蝉",等等,涉及到小学课本里的方方面面,既有课本里人物的逸闻趣事、历史掌故,也有与课本密切相关的史地知识、自然常识,打开它,了解真相,对我们学好课本有着意想不到的作用,因为它是对课文最有趣、最有益的补助,与课本有着千丝万缕的联系。

本书把涉及到小学课本里的这些珍密档案,按照"课本里的人物秘密""课本里的文史秘闻""课本里的科技之光""课本里的自然之谜"等板块,每部分根据小学六年制义务教材的册次顺序进行了合理的编排,努力把学习中涉及到的重要历史背景、人文及自然科学知识进行系统地梳理,分类地集为一册,可作为参考资料和课内的补充材料来阅读和欣赏。

童年是美好的,完整而美好的童年应该既有丰富的物质营养,也有良好的精神佳肴。因此,读书是为了生命的完整。愿我们这本《课本里的珍密档案》能补充您的精神能量。

转动密码,打开它吧,这是一个令人着迷的五彩世界!

目 录

课本里的人物秘密

1

contents

课本里的文史秘闻

课本里的科技之光

contents

课本里的自然之谜

课本里的人物秘密

KEBENLI DE RENWU MIMI

李时珍是怎样写出《本草纲目》的

《李时珍》是一篇精读课文，主要写我国古代伟大的医学家和药物学家李时珍 (1518 ～ 1593) 立志学医和编写《本草纲目》的故事。课文开篇点明李时珍在我国医学史上的地位，接着讲李时珍怎样立志学医、编写《本草纲目》，最后写《本草纲目》这部中药书籍对后世产生的重要和深远的影响。

李时珍出生在湖北蕲州东门外的瓦硝坝。父亲是一位民间医生，受家庭影响，他自幼爱好医学，24 岁那年，他即像父亲那样走南闯北，靠行医为生了。

有一天，他父亲正在药园里劳动，突然一个病人家属匆匆忙忙地跑来向他的父亲说："吃了您开的药，病没有减轻一点，反面加重了……"病人家属说不下去了。李时珍听了，感到非常纳闷：怎么会是这样呢？我亲眼看见，药方没有错，

剂量也没有错，那到底是错在哪儿？细心的李时珍决定查个究竟。几天后，他终于查出，原来药铺根据一部医书上的错误记载，将有毒的"虎掌"当成无毒的"漏篮子"用了。

"古人流传下来的本草书也有错——错误的医书害人不浅啊！"李时珍暗暗发誓要写出一部真正的本草医书来，造福更多的人。

于是，李时珍一边行医，一边积攒资料，每到一处都细心地向有经验的药农请教。有一回，他从一本医学书上看到写蕲州（李时珍的家乡）白花蛇的文字，说这种蛇腹部有24块斜方块，有很高的药用价值，但是数量有限，所以很珍贵。他想，自己生在蕲州，长在蕲州，怎么没看过这样的白花蛇呢？这蛇身上真有24块斜方块吗？到底有哪些药用价值？也许李时珍照抄照搬也没有人会说什么，可是他一定要亲眼看一看，来个"眼见为实"。他不辞辛苦地来到深山老林中，找到了捕蛇人，逮到了白花蛇，亲眼看到蛇身上的24块斜方块才放下心来，并一一询问了这种蛇的特性、药用功能……

有时，为了检验药物的药性，李时珍甘愿冒着生命危险来尝试。他为研究曼陀罗的麻醉作用，自己吞服了曼陀罗，剂量上一点点地增加，直到精神恍惚、失去痛觉时为止。经过他自己多次尝试，发现大豆要加上甘草，解毒效力才能显出来。他还发现日常生活中用锡做盛酒器，因有毒素能溶解在酒中，久而久之，会使饮酒的人慢性中毒。

他在写作中遇到难题时，一定会跑到实地进行观察。如看到旧的药物书中说，穿山甲吞食蚂蚁是通过鳞甲来诱捕。他觉得奇怪，认为百闻不如一见。于是，他逮到一只活的穿山甲，仔细观察了它的生活规律后，发现它是用舌头吃蚂蚁。他又解剖了穿山甲的胃囊，发现里面竟有蚂蚁一升之多，于是写下了这段记载，纠正了过去书上的错误。

李时珍为了编写《本草纲目》，研读过800多种医药书籍和有关资料，先后到湖北、河南、河北、安徽、江苏、江西等省考察访问，采集药物标本，行程达一万余里。他倾毕生的精力和心血，足迹踏遍了大江南北，并以严谨的科学态度和实事求是的精神，完成了《本草纲目》这部巨著。在将近三十年期间，他对这部医书作过三次较大的修改，打破了传统的分类方法，按照植物、动物、矿物等科学的分类方法，对书中的各章节作了科学分类，共分52卷、16部、62类，收药1892种。当他最终编定完稿时，已从生气勃勃的青年，变成白发苍苍的老人了(61岁)。

《本草纲目》不仅考证了过去本草学中的若干错误，综合了大量科学资料，提出了较科学的药物分类方法，融入先进的生物进化思想，并反映了丰富的临床实践。它是一部具有世界性影响的博物学著作，不仅表现在药物学方面，还涉及天文、地质、化学、植物学等方面，堪称我国古代的百科全书，先后被译成拉丁、法、日、朝、德、英、俄等十余种文

字，流传全世界，被誉为"东方医学巨典"。它的完成，离不开李时珍实事求是的工作态度和溯本求源、勇于为科学献身的精神。

华佗与麻醉术

《聪明的华佗》一课主要讲东汉时期的名医华佗怎么样治病救人的故事。其实，华佗留给我们的不仅有高超的医术，还有一个重要的发明：麻醉术。

东汉末年，魏、蜀、吴三国雄霸天下，战火连绵，士兵和老百姓受伤生病的很多。有一次，华佗为一个患烂肠痧的病人破腹开刀。由于病情严重，忙了几个时辰，才把手术做完。手术做完后，华佗累得筋疲力尽，于是用饮酒来解除疲劳。想不到，由于空腹，加上过度劳累，几杯下去就酩酊大醉。家人不知如何是好，只好针刺人中穴、百会穴、足三里，可他还是没有一点反应，仿佛什么知觉都没有，但是他的脉搏还在跳动。这时，家里才知道华佗是喝醉酒了。直到两个小时后，华佗才如梦初醒，听了家人的叙述后大为吃惊：

"为什么给我扎针我不知道呢？难道说，喝醉酒能使人失去知觉？"

华佗高兴地做起试验来，果然酒有麻醉作用。后来，为了减轻病人痛苦，华佗就用酒来把病人灌醉再动手术。可是有时候手术时间长，刀口大，流血多，光用酒来麻醉还是不能解决问题。过了一段时间，华佗在行医中又碰到了一个奇怪的病人：病者牙关紧闭，口吐白沫，手攥拳，躺在地上不动弹。华佗上前看看神态，按按脉搏，摸摸额头体温，一切正常，又问病者过去有过什么疾病。家里的人告诉华佗，病人平时身体非常健壮，什么疾病都没有，就是今天他误吃了几朵臭麻子花（又名洋金花），才得上了这种病症的。然后，病人家属把一棵连花带果的臭麻子花送到华佗面前。华佗接过臭麻子花闻了闻，看了看，又摘朵花放在嘴里尝了尝，顿时觉得头晕目眩，满嘴发麻，发现这种植物毒性很大。后来，华佗问清了病因后对症下药，用清凉解毒的办法把病者救了过来。临走时，他什么也没要，只要了一捆连花带果的臭麻子花背着走了。

回家后，华佗又多次亲尝臭麻子花的叶、花、根和果，经过多次分析、比较，发现这种花的果实麻醉效果非常好。于是，他又走访了当地的许多名医，收集了一些有麻醉作用

的植物，经多次实验，制成了麻醉药并投入临床使用。当时，这种麻醉药叫麻沸散。

有了麻醉药，华佗在当时已能做肿瘤摘除和胃肠缝合一类的外科手术。一次，有个推车的病人，气息微弱，大喊肚子痛。华佗切他的脉，按他的肚子，断定病人患的是肠痈。因病势凶险，华佗立即给病人用酒冲服"麻沸散"，待麻醉后，又给他开了刀。这个病人经过治疗，一个月左右病就好了。他的外科手术，得到了后人的推崇。

150年前，外国的外科医生施行手术完全不用麻醉剂，在动手术时要用几个强壮的大汉把病人按住，防止他因痛苦而逃跑，或者用酒把病人灌醉，或者用冰把需要动手术的部分冻麻，甚至把人打昏暂时失去知觉再做手术。欧洲人发明麻醉药，则是19世纪中期的事，据今仅仅一个半世纪。1842年，法国人黑克曼开始用二氧化碳作为麻醉药，可这二氧化碳只能用来麻醉动物，在人身上不能用。1844年，美国人柯尔顿用一氧化二氮（也就是笑气）作为麻醉药，效果也不理想，直到1848年，美国人莫尔开始使用乙醚来做麻醉药。"神医"华佗发明的麻沸散，比西方发明的麻醉剂要早1600多年。

华佗与五禽戏

通过学习《聪明的华佗》一课，让我们对"神医华佗"有了深刻了解。如果说，华佗发明麻醉药，得益于他的医学知识积累以及治病救人的崇高美德，那么，他发明五禽戏则进一步说明华佗是一个十分有爱心并注重全民健身的人。

一个夏日的傍晚，华佗正在门口纳凉，一个小男孩扒着门闩来回荡着玩引起了他的注意。他的脑子里忽然想到了古书上的一句话——"流水不腐，户枢不蠹"，也就是说不停流动的水，是不会腐臭的；门的枢纽，因为经常在转动，所以是不会被虫蛀坏的。

"同理，人要是也能天天这样运动，让气血通畅该多好啊！"

是啊，从医学的角度来讲，大多数人的疾病，都是因为气血不流通而造成的。如果人体也经常活动，让气血通畅，就能保持身体健康，少得病，甚至不得病。

　　"能不能编一套拳法呢？只要打一套拳，全身的肌肉、筋骨、关节，差不多都能活动起来，那样，不就达到健体强身的效果了吗？"

　　后来，华佗参考了"导引术"（全面锻炼身体的方法），编成一套拳法，并取名为"五禽戏"。这种体育运动，就是摹仿虎、鹿、熊、猿、鸟五种禽兽运动姿态的体操。即：第一种动作是摹仿虎的前肢扑捉的姿态，第二种动作是摹仿鹿伸扬头颈的姿态，第三种动作是摹仿熊侧卧的姿态，第四种动作是摹仿猿用脚尖纵跳的姿态，第五种动作是摹仿鸟双翅飞翔的姿态。这套　"五禽戏"，仿照了虎、鹿之跳跃，猿之敏捷，熊之敦厚，鸟之灵巧，只要打一套五禽戏，全身的关节、筋骨、肌肉都基本上得到了锻炼，是积极预防疾病的有效方法。从此，"五禽戏"在各地流传起来。

　　华佗是我国东汉时期的大医学家和药物学家，不仅精通医术，而且非常重视体育锻炼对人的健康作用，"五禽戏"的发明就是最好的例证，也足见华佗是一个十分聪明的人：从动物的运动想到了人类的运动，这在发明创造的方法中属于"移植法"。

灵感＋汗水＝天才

《爱迪生》一课讲的是爱迪生从小热爱科学，以顽强和超常的精神，为世界留下了许多伟大发明的故事，教育我们要学习爱迪生勤奋、努力、顽强、执着追求的精神。

1847年2月11日，爱迪生诞生于美国的俄亥俄州的米兰市，他的祖籍是荷兰，后迁居北美，家境贫寒，依靠父亲种田来维持生活。

爱迪生从小并不是像人们想象的那么聪明可爱，7岁上学，功课并不好，满脑袋稀奇古怪的想法，老是爱问"为什么"，这让老师很烦。上学不到3个月，有一次，老师讲到2加2等于4，可是，爱迪生竟然问起来："老师，为什么2加2要等于4？"老师一气之下把爱迪生赶回了家："爱迪生学习一点也不用功，他还老问2加2为什么等于4，实在太笨了，还是别上学吧。"

爱迪生的妈妈只好把他领回了家，自己教他识字读书，

讲些名人故事给他听，并不厌其烦地解答他问不完的"为什么"。后来，爱迪生的妈妈买了一本《自然课本》给他。爱迪生如获至宝，被书中的小实验深深地吸引住了，他把家中的地下室整理出来，买来了瓶子、试管及其他的实验用品，对照书中讲的方法做起实验来。

11岁时，爱迪生不得不到火车上做报童，可是他对科学的热爱一点也没减，挣来的钱除了补贴家用外，都用来购买书籍和实验药品了。1862年，他在火车上做实验，由于开动后的车厢震动得很厉害，把一瓶黄磷震翻，引起一场火灾，车长实在气坏了，打了他一个耳光，从此他右耳就聋了。

随着实验成果的不断涌现，爱迪生的手里也渐渐积攒了一些资金，终于在离纽约25英里的曼罗园建起了自己的研究所。1878年，爱迪生参加在巴黎举办的世界博览会，他发明的留声机在会上夺得了发明奖，同时，俄国工程师雅布罗其科夫和拉德金发明的"电烛"也吸引了他的目光。爱迪生决定研制电灯，为人类造福。

于是，爱迪生仔细阅读了有关"电烛"的资料，并收集相关的材料进行了设计制造，为此，他吃在实验室，住在实验室，把实验室当作家了。为了解决灯丝问题，他尝试着用木炭、硬炭、金属铂等材料做灯丝，但都一一失败了……

"为什么油灯的灯芯那么亮，那么耐用呢？"有一次，爱迪生从油灯的灯芯想到了电灯的灯丝，便把棉线摆成各种弧形，烘烤，再取出一段完整的炭线作为灯丝，接通电源后，果然亮了。他惊喜地喊着，"亮了，终于亮了。"遗憾的是，这根灯丝只亮了一会儿就烧断了。

爱迪生没有退缩，没有叹息，继续寻找新的灯丝材料，虽然是一次一次的失败，但他仍是一次一次的试验。为了找到合适的灯丝，他前前后后用了 1600 多种材料，在 3 年多的时间里，仅植物类的碳化实验就进行了 6000 多次，实验笔记本多达 200 多个，共计 4 万余页，每天工作达十八九个小时，直到 1880 年上半年白炽灯的实验还没有结果。这时候，有个记者带着嘲讽的口气问他：

"你已经做了 1 万多次实验，试过 1000 多种材料，但是还没有成功，难道你还认为你的实验能成功吗？"

"我的实验是失败了，但是至少证明这 1000 多种材料是不适合用作灯丝的。"爱迪生的回答令那位记者不好意思地低下了头。

1879 年 10 月 21 日，爱迪生把实验室里的一把芭蕉扇边上缚着的一条竹丝撕成细丝，经炭化后做成了一根灯丝，发明出了炭丝电灯。第二年，爱迪生发明制造出了钨丝电灯，人类终于结束了"黑暗"的历史。

1931 年 10 月 18 日，84 岁的爱迪生与世长辞。在他逝世的那个晚上，数十家世界著名媒体的记者守候在他的身边，并每隔一个小时向世界发布一次消息："电灯还亮着。"直至

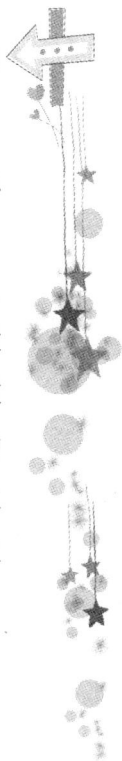

爱迪生闭上眼睛，记者们才迅速把这个噩耗报告给人们："电灯熄灭了！"

爱迪生一生有 1300 多种发明专利，包括留声机、电车、幻灯机、有声电影、发电机、电动机、蓄电机等。爱迪生没有什么文凭，不是"科班"，可是他不断地学习、努力，通过"勤学"与"好问"来获取知识，从爱问"为什么"到用"勤学"来解答出"为什么"，终于走出了一条自学成才的发明之路。正如他自己所说："天才就是百分之一的灵感加上百分之九十九的汗水。"

沐浴在血与火中的人生

白求恩作为伟大的国际主义战士，是千千万万中国人所熟悉的，他为中国人民的解放事业做出了积极贡献。我们小学语文课本里的《手术台就是阵地》讲述了抗日战争时期齐会战斗中，白求恩大夫在形势危急的情况下，坚守手术台，忘我地为伤员做手术，连续工作 69 个小时的故事。那么，白求恩是一个怎样的人呢？

亨利·诺尔曼·白求恩（1890 ～ 1939）是一名加拿大共产党党员，著名的胸外科医师。抗日战争爆发后，作为热爱和平的国际友人，他积极呼吁国际社会援助中国人民的抗日战争。1938 年 1 月，他受加拿大共产党和美国共产党的派遣，率领由加拿大和美国人组成的医疗队于同年 3 月到达中国解放区，不久带着他的流动医疗队转赴晋察冀边区开展工作。

白求恩非常敬业。在 1938 年经历的四次战斗中，他的流动医疗队始终离火线不超过七八里地，实施战地手术 315 次。他要求一定要减轻伤病员的痛苦，甚至抽自己的血救伤员。有一次他正在做手术，日军的飞机轰隆隆飞来了，大家都劝他赶紧离开，可是白求恩抬头看了看飞机，还是坚持把手术做完了才从容地离开。《手术台就是阵地》写的是发生在河北省的齐会战斗。这是 1939 年 4 月，敌人调集了三千人，包围了驻扎在齐会村的八路军 120 师某团第三营。贺龙将军紧急调遣主力军七个团及地方游击队给敌人以反包围，与敌人展开一场激战。这场战斗以我军胜利而告结束。当时，白求恩大夫是在离火线只有五里的温家村边的小庙里为伤员做手术的，连续抢救了 115 名伤员。这里现在已经辟为"白求恩战地医院旧址"。

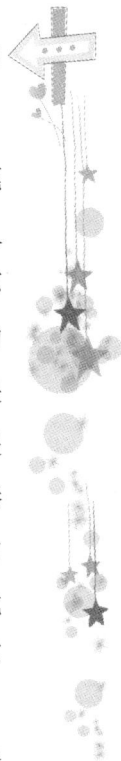

白求恩非常爱写信，即使在最艰苦的环境下，手中的笔就像手术刀一样不会停下来。有一封在前线时写给美国友人的信，真实地反映了他的战地生活和饱满的战斗精神："我不计较日常生活上的艰难……深山里的徒步行军，既无取暖的炉子，又没有床铺和浴室。过去的生活曾经引诱过我，但是为了我的理想，那些日子就让它一去不复返了吧。"这封信是白求恩生活和思想境界的真实写照。当年，毛主席和聂荣臻同志为了照顾他的生活，特别批准给他一些当时很难得到的水果细粮等，但是他大多都给伤病员了。毛泽东同志还特批每月发给他生活津贴 100 元，也被他谢绝了，他表示自己不需要钱，若为了钱，自己也不会到中国最艰苦的解放区来。

1939 年 11 月 1 日，前线送来了一名患颈部丹毒合并蜂窝组织炎的伤员，白求恩在为伤员切开伤口时，手套被划破，病毒感染了他的手指。就在白求恩被遭受致命的感染的第二天，他仍然检查了 200 多个伤员。11 月 5 日，白求恩带着越来越严重的伤病，迎着漫天的大雪向前线进发。途中，他看到一位从前线抬下来的伤员连忙说"来迟了，来迟了"。突然，他一下子栽倒在地，但仍吃力地睁开眼睛，断断续续地说："凡是有……头部、胸部和腹部受伤的伤员，一定……要叫我来做。"1939 年 11 月 12 日凌晨 5 时 20 分，白求恩离开了人世。

白求恩的突然离世，令八路军指战员备感伤痛。八路军

《军政杂志》1939 年 12 期上编辑了哀悼白求恩的专集。延安各界举行了隆重的追悼大会。八路军总司令朱德通令全军举行悲壮的哀悼。毛泽东主席写了著名的文章《纪念白求恩》，号召我们学习白求恩同志对工作极端负责、对同志极端热忱的高尚品德和把中国人民的解放事业当作自己的事业的国际主义精神。白求恩的一生是短暂的，沐浴着血与火，为中国人民的崇高事业献出了宝贵的生命，值得我们世世代代永远铭记和怀念。

你所不知道的黄继光

《黄继光》这篇精读课文讲的是抗美援朝战争中上甘岭战役的一个战斗故事，主要写志愿军战士黄继光为了战斗的胜利，用自己的胸膛堵住敌人的枪口，献出了宝贵的生命这一惊天动地的壮举。课文按照事情发展顺序来写，包括接受任务、主动请战、壮烈牺牲、战斗胜利等，故事的起因、经过、高潮和结果都叙述得很清楚。可以说，通过这课的学习，许

多同学对几十年前的上甘岭这场战争将会伴随着血与火、生与死、罪恶与崇高，永远留存记忆深处。现在，关于上甘岭的纪实作品有很多，纷纷披露了一些鲜为人知、生动感人的史实。

1·黄继光塑像的来历

1930 年，黄继光出生在四川省中江县的一个山村，家境极为贫寒，他排行老三，从小身体瘦弱，个子矮小。1950 年朝鲜战争爆发，第二年 3 月中江县征召志愿军新兵，黄继光第一个报了名，可是黄继光的妈妈舍不得他参军，因为他大哥已病逝，二哥又是个哑巴，弟弟还小，但黄继光参军心切，天天缠着招兵部队的首长，终于感动了首长被破格录取。黄继光在上甘岭战役中献身后，沈阳军区要求东北鲁迅文艺学院的美术部为黄继光创作雕塑存放在丹东市的抗美援朝烈士纪念馆里。1957 年初夏，郭振和教授接受了这一光荣的任务，素描对象是黄继光的弟弟黄继恕，他说："我哥平时不说话，圆圆的脸庞，耳朵长得跟我差不多。"经过两个多月的创作，郭振和教授才完成这尊黄继光向前扑冲的高 80 厘米的雕像。为了征询各方意见，郭振和又把黄继光雕像拍成照片，寄给黄继光的母亲，半个月后，邓芳芝老人回信说："像，是我的儿子黄继光。"这尊塑像也被送进了抗美援朝纪念馆。

2·黄继光照片的来历

英雄黄继光走得太匆忙，不论是部队还是家里，都没有找到一张照片（当时家里穷，当地也根本没有照相馆），这也成了我们纪念他的最为痛苦的遗憾。那么，我们后来见到的黄继光的画像是怎么来的？

其实，那张照片是画家们按英雄母亲邓芳芝老妈妈的指点，脸盘像哪个弟弟，眉眼像哪个弟弟，经组合画成的，主要还是根据郭振和的黄继光塑像翻拍、修改出来的。几十年过去了，无数中国人都还记得这张神情刚毅的圆圆脸庞，那是黄继光的画像，而不是真实的照片。

今天，每当人们回忆那场战争，特别是黄继光的那些幸存的战友，望着那张画像，都会无比动情地追忆那一幕，都会说："他把自己全部奉献给了祖国和世界和平，具有跨国度、超时代的典型意义，不仅仅是他生前所在的十五军的骄傲，而且也是全中国人民解放军的骄傲，即使在国际上也是一面英雄主义的光辉旗帜。"

3·黄继光英雄称号的"升级"

黄继光原名叫黄积广，当时，战斗胜利后，黄继光所在连的连长在电话里向上级报功时，接电话的记录员问英雄叫

什么名字，由于连长是南方人，将黄积广发音成了黄继光，特级战斗英雄黄继光的名字就这样喊出来了。

上甘岭战役结束后，志愿军总部追授黄继光"二级战斗英雄"的称号。那么，后来为什么会"升级"成为"一级战斗英雄"呢？

原来，在这次反击中负伤的万福来连长，当时正在黑龙江阿城县医院住院养伤，听同病室的伤员们读到报上这则消息，几天睡不着，心情十分郁闷："哪有这么简单哪，怎么才授了个二级的称号呢？"

当时，亲眼目睹黄继光壮烈献身场面的张广生代参谋长和冯玉庆指导员都在那场战斗中牺牲了。万福来成了唯一的幸存者、见证者，他感到不安，感到愧对英雄的亡灵。1952年10月19日夜晚，文化程度不高、识字不多的万福来，忍着巨大的伤痛，请人代笔，自己口述那血与火交织的场景，把中国马特洛索夫式英雄牺牲的全过程写成材料直接寄给了第十五军政治部。

1953年1月7日，第十五军政治部研究决定：在五圣山正面一方巨大石壁上，镌刻"中国人民志愿军马特洛索夫式的战斗英雄黄继光以身许国永垂不朽"。同年4月8日，中国各大报纸头版头条，纷纷登载新华社消息：中国人民志愿军领导机关最近发布决定，撤消以前追授的在上甘岭战役中建立卓越功勋的黄继光烈士"二级战斗英雄"称号，追记特等功一次，并授予"特级英雄"称号。这也是志愿军中最高级别的功勋。从此，黄继光成了家喻户晓的特级英雄。

4·黄继光牺牲的真实场景

1952年10月19日上甘岭战役中，黄继光所在的营奉命再次反击597.9高地。当连续攻下敌人数处阵地后，部队在零号阵地半山腰被敌机枪火力点压制，前进受阻。根据六连连长万福来回忆，当时，经过反复拼杀、争夺，全连仅剩下16个人，敌人的每个堡内都有五六挺机枪分两组轮换着打，子弹如雨。危急关头，二营代参谋长张广生亲自带领五连二排赶来增援，跟随张广生的营部通信员黄继光从后面爬上来，要求去炸掉它。六连通信员吴三羊和肖登良随之也挤过来，要求和黄继光一起上。张广生一看也只有如此了，便命令道："黄继光，现在我任命你为六连六班班长，由你去完成最后的爆破任务。"万福来也当场宣布："吴三羊、肖登良，从现在起你们就是六班的战士了，由班长黄继光带你们两人去执行爆破任务。倘若没完成任务，我就亲自去炸掉它。"

后来，掩护的战友一位牺牲了，一位受了重伤，黄继光也受了伤，几经努力才挣扎着接近了敌人的地堡，拼命扔出了最后一颗手雷，随着"轰"的一声巨响，他便栽倒了。可

是，这颗手雷只炸塌了地堡的一个角，敌人又换了一个射孔继续扫射。

此时，已经 7 处负伤的黄继光处在生命弥留之际，手雷已经用光，他意识到自己没有完成任务，竟然以令人类所有医学、生物学、遗传学、心理学等不敢相信的意志和力量，又爬了起来，慢慢地挪到了地堡的射击死角处，屏住呼吸，咬紧牙关，用尽全身力气支起上身，侧转身子向阵地下招了招手，嘴里嚅嚅着，只有冯玉庆突然明白黄继光回头招手的用意，立即扭头向身后的张广生、万福来急喊一声："快，黄继光要堵枪眼！"话音刚落，一息尚存的黄继光骤然作出了气吞山河的壮举：他像大鹏展翅一样，雷霆万钧地一跃，用他那并不宽阔的胸膛，严严实实地堵住那孔喷射着暴风雨般子弹的枪眼。顿时，敌我双方都惊呆了！这一伟大的壮举也永远铭刻在战友们的记忆里。

枪炮声鼎沸了一整夜的 597.9 高地突然间死寂起来。冯玉庆立即呼地跳了起来，静肃中高扬起他那痛切肺腑、悲裂天地的吼啸："冲——啊——"他平端着机枪飞奔上阵地，将满匣子弹全泼进地堡，而后一撒手扔掉机枪，转身抱住黄继光。黄继光趴在地堡上，两手还紧紧抠住堡顶的麻包。美军的轻机枪洞穿了他的胸腹，打出一片蜂窝状的焦糊；背肌被高速穿越而过的弹丸打飞了，现出个海碗口大的窟窿，裸露出那根不折的脊骨……

5·黄继光烈士的豪言壮语

几十年来，黄继光烈士堵枪眼之前的那句惊天动地的豪言壮语："让祖国人民等着听我们胜利的消息吧！"不知感动过多少人，曾催落了几代人的热泪。一直以来，我们都认为那是黄继光烈士的最后遗言。

可是，据万福来回忆，黄继光当时并没喊出那句名言。当时，战火纷飞，枪声不断，黄继光请战时对二营代参谋长张广生说："参谋长，让我上吧，只要还有口气，我一定炸掉它。"作家们在写黄继光英雄事迹时，作了艺术上的加工，改成了"让祖国人民等着听我们胜利的消息吧"！接到命令后，黄继光只是朝吴三羊、肖登良摆了下手，便腰一猫冲了上去。3个年轻战士都很机灵，交替掩护着，向前跃进。随后，黄继光和肖登良分别炸掉东西两侧的子堡。然而，吴三羊在掩护时牺牲了，肖登良也受了重伤。这时，六连指导员冯玉庆爬上前去，从牺牲的机枪手身边拖过挺机枪，掩护黄继光利用弹坑向主地堡跃进。当黄继光用身体堵住枪眼的刹那间，确实侧转身回头向阵地下的战友招了招手，嘴里也在嗫嚅着，好像要说什么，但是当时那种情景，不要说黄继光已经说不出话来，即使说了，战友也听不清或根本听不见，满耳朵里都是枪炮声……

今天，我们虽然知道英雄并没有说出那句豪言壮语，但是丝毫不影响英雄在我们心目中的形象，"只要还有口气，我一定炸掉它"也让我们热血沸腾、热泪盈眶……

你应该知道的雷锋

20 世纪六七十年代，雷锋那憎爱分明的阶级立场，言行一致的革命精神，公而忘私的共产主义风格，奋不顾身的无产阶级斗志，曾是全国人民学习的榜样，在青少年中掀起了一轮又一轮的学习热潮。我们小学课本里选载了雷锋日记以及《雷锋叔叔和我们在一起》等课文，但是由于年代的久远，同学们对雷锋及其事迹总感到有些陌生或隔膜。关于雷锋还有许多鲜为人知的秘密。

1·雷锋的辛酸家史

1940 年，雷锋出生在湖南省望城县简家塘村。据雷锋的舅舅杨庆生回忆，雷锋有一个小名叫庚伢子，是雷锋的祖父给取的，因为雷锋出生的这一年正是庚辰年。

雷锋的父亲叫雷明亮，1944 年冬天下山为乡亲们搞粮食时被日本兵打得咳血、尿血而死。雷锋的母亲雷一嫂是一个刚强的女人，由于天灾人祸，衣食无着的她领着小雷锋四处讨饭。1947 年，她被地主的儿子糟蹋后，在中秋节前夕悬梁自尽了。这一年，雷锋年仅 7 岁，成了孤儿。

雷锋母亲去世后，六叔奶奶（雷锋爷爷的大弟媳）收养了雷锋，可这位老人又于 1954 年突然病逝。不过，雷锋已长大，而且解放后党和政府把他送到了学校读书。16 岁那年，雷锋在乡政府当了一名通信员。1960 年，雷锋光荣入伍，成为一名人民解放军战士，而后入党，多次立功，还被评为节约标兵和模范共青团员。

2·雷锋照片的来历

雷锋的事迹在全国得广泛传播，仅在全国各地的雷锋纪念馆陈列室里就有 351 张雷锋生前真实活动的照片。那么，这些照片是怎么来的？

雷锋从 1960 年 1 月 8 日参军到 1962 年 8 月 15 日殉职，在 951 天的军旅生涯中，共拍摄了 222 张照片，其中，200 张是由张峻拍摄的。雷锋牺牲几十年后，著名摄影家张峻回忆了当时补拍照片的原委：1961 年 1 月，中央军委工程兵政治部发出了《关于学习雷锋同志的通报》等指示，从而在全军

范围内掀起了学习雷锋的高潮，沈阳军区工程兵党委作出了由政治部和雷锋所在的工兵十团共同筹办"雷锋同志先进事迹巡回展览"的决定。1962年2月，有关方面调集6人组成了筹办展览班子，其中张峻与季增负责展览图片的补拍。张峻草拟了补拍雷锋照片的具体提纲，包括《解放后我有了家，我的母亲就是党》事迹报告、雷锋的忆苦思甜报告、雷锋本人的口述和日记等场面或内容，总共有20多张，最为出名的是雷锋头戴毡绒棉帽、手持冲锋枪站在毛泽东半身像前，雷锋送老太太回家，雷锋在练双杠，等等。

3·雷锋抢救的曲折经历

1962年8月14日晚10时多，雷锋接到连夜送粮的运输任务，便带上助手乔安山开车出发了。第二天，粮食运到目的地，雷锋招呼乔安山洗车。乔安山倒车拐弯，不幸撞到了用来晾晒衣物的木柱子，巨大的弹力将断木砸向雷锋左太阳穴。可驾驶室里的乔安山对外面发生的事一无所知，下车后才发现雷锋已倒在那里，鼻孔和嘴都在往外喷血。随即，连长、副连长和战士们闻讯跑来，把雷锋抱上车送到医院抢救。

医院院长刘斌为雷锋腾出一个急救室。可是由于体温太高，雷锋抽搐着坐起来。刘院长立即让副连长到楼下买一些冰棍来为雷锋降温，把冰棍放在雷锋的脖子下和额头上。当

体温降下来以后，雷锋已停止呼吸。刘院长见状，立即亲自为雷锋做人工呼吸，终于使雷锋恢复了呼吸。然而，雷锋的颅底骨折，内部又出血，必须立即手术。可是抚顺所有的医院都做不了开颅手术，只好派人去沈阳军区总医院找脑外科专家段主任来抢救。

于是，团党委立即派车去沈阳接专家救人，下午3时，当曹玉德把段主任接到抚顺西部医院时，已经回天无力了，雷锋早已停止呼吸，永远合上了眼睛……

张思德牺牲前后的秘闻

《为人民服务》这篇课文是毛泽东于1944年9月8日在中央警卫团举行的张思德同志追悼会上所作的讲演，借对张思德的追思，表达中国共产党及其领导的八路军、新四军全心全意为人民服务的根本宗旨。从此，"为人民服务"这一思想深入人心，成为中国共产党人的人生最高追求。张思德的精神广为流传，也不断地激励了一代又一代人。那么，张思德是一个什么样的人？牺牲前后还有哪些鲜为人知的秘闻？

张思德1915年出生于四川省仪陇县一个贫苦农民家庭，全家靠给地主帮工度日，母亲和几个哥哥相继冻饿而死。万分无奈的父亲远走他乡，不知所终。张思德成了孤儿，是叔父叔母收养了他，11岁时才读了几个月的书。苦难的生活，磨砺出他坚韧的性格。后来，他参军了，爬过大雪山，三次过草地，经过了二万五千里长征的严峻考验，终于到达了延安。

1944年夏天，张思德带领4个战士到安塞县烧炭。他们完成任务后，为了多出炭，张思德又参加了突击队，与战友一起开挖了另一孔新窑。9月5日这天中午时分，烧好一窑炭后，张思德说要去修理一下有些破旧变形的炭窑。修理时，支撑炭窑的墙突然"轰"的一声垮了下来，张思德奋力把战友推出洞去，自己则被砸埋在窑里……死里逃生的战友武根虎和金大个子一下子懵了，一边不停地哭喊，一边用手一点一点地刨呀扒呀……用了好半天时间，才把张思德从塌方的砖块和炭灰堆中扒出来，这时他已经没有呼吸了！

张思德活着的时候，事事为别人着想，全心全意为大家服务。战友武根虎说："那么好的活生生的一个人，怎么说没就没了呢！我们天天在一块吃饭，一块睡觉，有困难一块克

服。没鞋穿，他给我们打草鞋；感冒了，他给我们熬生姜水；想吃辣子，他给我炒辣子吃，给我熬稀饭，给我盖房子，他用茅草盖的房子还不漏水……"

张思德个子比较小，脸黑黑的，爱吃辣椒，自己做了一个专门装辣椒的桦树皮包。这个桦树皮包大概有 10 厘米宽，扁的。他乐于助人，不计个人得失，多次放弃提升的机会，与他一起入伍的战友有的当上了团长甚至旅长，他还是普通一兵，但他从不埋怨，战斗中他浑身是胆，被战友们誉为"小老虎"。张思德牺牲时年仅 29 岁，对他的去世大家十分悲痛，战友武根虎和金大个子躲在窑里哭了好几天……

达尔文揭开物种演变的奥秘

课文《达尔文和小松鼠》主要写了达尔文小时候喜欢小动物。有一次，一只小松鼠爬到他身上玩，为不伤害小松鼠，

达尔文一动不动地站着……达尔文是进化论的奠基人，他的进化论是 19 世纪自然科学的三大发现之一。那么，达尔文是怎样揭开物种演变奥秘的呢？

查尔斯·达尔文 (1809—1882) 出生于英国，从小就对自然科学有着广泛、特殊的爱好，非常热衷于搜集各种昆虫、贝壳、鸟蛋和矿石。他违背父亲让他当牧师、学医的意愿，一门心思钻研博物学。从剑桥大学毕业后，他依然热衷于自己的自然科学研究。

1831 年 12 月 27 日，英国政府组织了"贝格尔号"——一艘英国海军所属的皇家勘探船，扬帆远航了。其主要任务是测绘南美洲东西两岸和附近岛屿的水文地图，完成环球各地精确的计时测量工作。达尔文经人推荐，以"博物学家"的身份随行。他在这次环球旅行中的主要任务是考察了解各地的地质和动植物资源情况。就这样，达尔文开始了漫长而又艰苦的环球考察活动。

身负重任的达尔文，一边读书，一边考察，并做了大量的笔记。不论是在多么艰难困苦的条件下，他的工作从没间断过。每到一处他都认真地搜集各种资料，采访当地农民，请他们当向导，爬山涉水，采集矿物和动植物标本，挖掘生物化石，从而发现了许多没有记载的新物种。

1832 年 1 月，"贝格尔号"停泊在大西洋中的佛得角群岛的圣地亚哥岛。水兵们都去考察水的流向，达尔文却爬到山

上去搜集岩石标本。在这次考察过程中，达尔文根据当地物种的变化，心里忽然想到这样一个问题：自然界的奇花异树、人类万物究竟是怎么产生的呢？它们为什么会千变万化？它们之间有没有什么关系呢？

这年的2月底，"贝格尔号"到达巴西，达尔文上岸考察，并攀登了南美洲的安第斯山。当他爬到海拔4000多米的高山上时，意外地在山顶上发现了大量的贝壳化石。

"海底的贝壳怎么会跑到山上来呢？这座山会不会在远古时代是一片海洋呢？海洋怎么会变成高高的山脉呢？"

想到这，达尔文非常吃惊。

经过反复思考和求证，他终于明白了地壳升降的道理，对自己的猜想有了更进一步的认识："物种不是一成不变的，而是随着客观条件的不同而相应变异。"

1835年9月中旬，"贝格尔号"到达加拉帕戈斯群岛的时候，达尔文在考察中发现，岛上的植物、动物非常丰富，各种动物的形态、习性却不一样。即使是同一种动物，也有差异。这一奇怪的现象，引发了达尔文深层次的思考。他渐渐地认识到，自然界的事实与神学教义似乎是不可调和。离开加拉帕戈斯群岛时，生物进化论的理论已经在他的心中开始萌芽。

1836年10月"贝格尔号"结束考察，达尔文回到了英国，也带回了368页动物学笔记，1383页地质学笔记，770

页日记，1529 个保存在酒精瓶里的物种标本，3907 个风干的物种标本。历时 5 年的环球考察中，达尔文始终被生物为什么会发生变化这个问题困扰着，他决心揭开这个谜。他一面整理资料，一面深入实践，开始搜集动物、植物在家养条件和自然条件下发生变化的一切事实，如：鸽子、狗、牛、鸡等动物及菊花、牡丹等植物，拜访了许多植物育种家和动物饲养家，并与他们建立了联系。经过 15 个月的系统调查和研究，达尔文整理出了第一部物种变化的笔记，记录了他对家养和自然条件下动、植物变异的观察和分析。后来，达尔文把 20 年的研究成果写成了科学巨著《物种起源》。

这本书的出版，轰动了整个欧洲乃至全世界。达尔文用大量资料证实了形形色色的生物都不是上帝创造的，而是在遗传、变异、生存斗争中和自然选择中，由简单到复杂，由低等到高等，不断发展变化的，旗帜鲜明地提出了"进化论"学说，科学地论述了物种可变和生物进化的事实，第一次对整个生物界的发生、发展作出了规律性的解释，推翻了长期以来统治生物学领域的"神创论"和"物种不变论"等反动学术的统治，并把生物科学的各个领域统一起来，成为 19 世纪自然科学发展的重要里程碑。恩格斯将进化论与细胞学说、能量守恒定律一起并誉为 19 世纪世界的"三大发现"。

把一生献给昆虫的人

《蜜蜂》这篇课文真实地再现了法国著名科学家、科普作家亨利·法布尔 (1823—1915) 严谨的科学态度和求实的科学作风，读后令人动容。可以说，他把一生都献给了昆虫。世界上没有一个科学家能够像法布尔那样把自己的一生时光、喜怒哀乐都交给小小昆虫的。

许多小读者都知道法布尔以及他的《昆虫记》，却不知道他是在什么样的条件下研究和写成这部旷世名著的。法布尔从小就是科学谜。他生于法国南部的一个普遍农民家庭，从小生活极其穷困。他的童年是在乡间与花草虫鸟一同度过的，大自然那迷人的美深深地吸引了他。他把山楂树当床，把松树鳃角金龟放在山楂这张小床上喂养，他想知道为什么鳃角金龟穿着栗底白点的衣裳；他匍伏在荆棘丛旁，伺机逮住田野里爱唱歌的蟋蟀，想弄明白这美妙的歌声发自哪里。虽然年幼的法布尔被乡间的蝴蝶与蝈蝈这些可爱的昆虫深深地吸

引着，但是，岁月无情，快乐的童年在蝉鸣虫唱中渐渐走远。

1837年，法布尔一家人移居到图卢兹。法布尔进入图卢兹的神学院学习，但中途退学，出外谋生，曾在铁路上做过工，也在市集上卖过柠檬。15岁那年，法布尔考入师范学校，毕业后到一所初中任数学教师。一次，他带学生上户外几何课，忽然在石块上发现了垒筑蜂和蜂窝，从此"虫心"焕发，与昆虫结下了一生的不了情缘。他索性拿出一个月的工资，买了一本昆虫学著作，立志做一个"为昆虫立传的人"。

可是，研究昆虫并非易事，他的专业是数学，而且没有观察和研究的实验室、设备等。一个中学教员的薪水是微薄的，维持一家的生计都成问题，更不要说购置研究昆虫的实验设备。怎么办？没有实验室，没有设备，他就到田野里的葡萄架下，一蹲就是一天，观察飞蝗、胡蜂的活动情况，还把自己家里的瓶瓶罐罐摆放在一起为逮来的蝎子、金龟子等安个家。

当时，生物界的专家们研究昆虫只注意对昆虫标本的研究，把昆虫钉在木盒里，或者浸在烧酒里，睁大眼睛仔细观察昆虫的触角、上颚、翅膀、足，却从不思考这些器官在昆虫的劳动过程中起什么作用。譬如：昆虫能够思考吗？为了研究这个问题，法布尔决定让观察和实验得来的事实来说话。有一天，法布尔看见一只胡蜂捉到了一只大苍蝇，当时刮着大风，猎物又太大，猎手飞起来很累赘，于是胡蜂便切掉猎

物的肚子、头、翅膀，只带着胸部飞走了。这说明胡蜂在搬
运食物时是会动脑筋思考的。为了彻底弄明白这个问题，他
选择了不同的天气进行观察，不论是风和日丽，还是狂风呼
啸，他发现胡蜂都是只带着猎物的胸部飞走，是在刻意选择
食物的。可见，昆虫有自己的思维！

　　1879 年，法布尔终于买下了塞利尼昂的荒石园，并一直
居住到逝世。这是一块荒芜的不毛之地，却是昆虫钟爱的家
园。他在这里得以全身心地投入到对昆虫的观察与实验中去，
以人性观察昆虫的本能、习性、劳动、婚恋、繁衍和死亡。
65 岁那一年，法布尔《昆虫记》已经出到第 6 册，从 1879
年以来，每三年完成一册。他的事业虽然有了累累果实，但
是贫困仍然与他形影相随，市面上出现了太多的仿作，自己
赚不了几个版税。他写的科学读物不再被指定为教科书，研
究的成果也不被当时的专家们承认，登不了大雅之堂，自己
的三个儿子还没长大，上学要学费，在家要吃穿。这一切都
在困扰着这位决心为昆虫立传的人。但是，困难挡不住他求
索的步伐，多少个夜晚，法布尔提着马灯走向了心爱的荒石
园……有一天，激动的法布尔在《昆虫记》第 7 卷中写下了
这样一段影响后世的话："不管我们的照明灯能把光线投射到
多远，照明圈外依然死死围挡着黑暗。我们四周都是未知事
物的深渊黑洞，但我们应为此而感到心安理得，因为我们已
经注定要做的事情，就是使微不足道的已知领域再扩大一点

范围。我们都是求索之人，求知欲牵着我们的神魂，就让我们从一个点到另一个点地移动我们自己的提灯吧。随着一小片一小片的面目被认识清楚，人们最终也许能将整体画面的某个局部拼制出来。"一百多年过去了，这种对生命的敬畏之情，对真相的探求、对真理的追求精神，仍然强烈地震撼着我们的心！

现在，法布尔的荒石园以及园内的居所已经成为博物馆，静静地接受着后人敬仰的目光……因为在这儿，法布尔一边进行观察和实验，一边整理前半生研究昆虫的观察笔记、实验记录和科学札记，完成了《昆虫记》的后九卷。写完第十卷那一年，他已经是 86 岁的老人了。法布尔揭开了昆虫生命与生活习惯中的许多秘密，被誉为"昆虫界的荷马"以及"科学界的诗人"，达尔文称法布尔为"无法效仿的观察家"。

第一个登上南极点的人

《在南极的日子》这篇略读课文是由五则日记组成，讲述了在神秘南极的见闻。南极是一个遥远而神秘的冰雪世界，

也是人类最后认识的一块大陆，有"第七大陆"之称。它由大约 500 万平方英里的冰原和岩石组成，四周由太平洋、印度洋和大西洋包围。由于南极地区为大陆覆盖，平均气温在零下 40 度以下，比北极还要低得多，加上偏西风的影响，南极形成了特有的暴风圈，这些恶劣条件很不适合人类探险。可是，1911 年 12 月 14 日，挪威杰出的航海家罗尔德·阿蒙森终于成为第一个到达南极点的人，也是人类历史上第一个既到过北极点又到达南极点的人。

阿蒙森是挪威人民引以为荣的英雄，也是世界探险事业的先锋。他沿着自己所崇拜的英雄弗里乔夫·南森的足迹继续前进，后来成为世界上最著名的极地探险家。

20 世纪初，在北极，西北、东北航道均已打通，具有挑战意义的只剩极点了。于是，阿蒙森把目光锁定在北极点，着手实施挑战性的北极探险计划。正当他紧锣密鼓地准备行动时，传来了美国探险家罗伯特·皮尔里到达北极点的消息。他当机立断，立即改变探险计划，将探险的目标转向当时世界上尚未被人类征服的南极点。

然而，就在这时，英国探险家罗伯特·斯科特也正在准备向南极地区进军。阿蒙森决心与斯科特一比高低。他选择了保密，这样可减少船员争议，从而节省时间赶在斯科特前面。就这样，一场竞争就"不宣而战"地开始了。

1910 年 8 月 9 日，阿蒙森乘坐"前进"号探险船，从挪

威出发，一个多月后，当"前进"号通过赤道时，阿蒙森此才告诉船员去南极的计划。同时，通知船员改变航向，朝南半球的极地方向进军。一直蒙在鼓里的船员这才恍然大悟，但没有一个人打退堂鼓。10月15日，阿蒙森以挑战的口气向斯科特发出份电报：

"我也正在去南极。"

这场轰动世界的激烈竞争，终于撕破了面纱，从幕后走上了台前，完全进入白热化阶段……

1911年初，阿蒙森率领"前进"号到达南极的罗斯海。在这里，阿蒙森探险队与斯科特探险队不期而遇。阿蒙森在离罗斯冰架5千米处设置基地，建立冲刺极点的大本营。斯科特的大本营建立在罗斯岛的埃文斯角，相比之下，阿蒙森的营地比斯科特的营地离南极点近了100千米。阿蒙森探险队从2月到8月，在阿蒙森的指挥下，探险队沿着向南极进军的路线设置了七个供应库和一系列路标。

同年10月19日，在一切准备就绪后，阿蒙森率领他的四位队员乘坐狗拉的雪橇，先于斯科特开始向南极点发起冲刺。每个雪橇由13只爱斯基摩狗牵引，他们一行人以每天30千米左右的速度前进，浩浩荡荡，长驱直入。到11月时，他们距离南极点仅有300多英里的路程了。然而，道路更加艰难，山崖，积雪，冰块，靠狗拉的雪橇已经无法前进了。按照预定计划，阿蒙森决定徒步冲刺南极点。这时，阿蒙森宰杀了三分之二的狗，将其中一部分狗肉作为队员和其他狗的食物，另一部分狗肉就地储存，以备返程时食用。这种做法虽然有些"残无人道"，可后来的实践证明了这样的做法是阿蒙森先于斯科特到达南极点的重要因素。

12月7日，阿蒙森率领探险队到达了南纬88度23分的地方，这是当时南极探险的世界记录。探险队在这里升起了挪威国旗。

12月13日，距离南极点仅有25千米的路程了。经验丰富的阿蒙森胜利在望，决定进行休整，准备明日以饱满的体力冲击极点。

12月14日下午3时，阿蒙森5人历尽艰辛终于到达南极点，当指针与南纬90刻度线终于重合在一起时，这一伟大的时刻永远定格下来了。当阿蒙森率领的探险队登上南极点的时候，探险队员们发出了震撼人心的欢呼声，人类第一次打破了笼罩南极亿万年的寂静。随即，阿蒙森在日记中写道："面纱终于被永远撕下了，我们地球上的最大奥妙之一再也不存在了。"

阿蒙森一行在南极点停留了三天，并进行了科学考察。在离开极点前，他们在那里搭起一个帐篷，在帐篷外的杆子上挂起了一面挪威国旗，还在帐篷里留下了两封信，一封是写给挪威国王的，一封是留给斯科特的，请求斯科特在他们万一遇难时将另一封信转交给挪威国王。

阿蒙森第一个到达南极点以后，又把目光转向了白茫茫的冰原之上——北极。遗憾的是，1928 年 5 月 28 日，意大利探险家诺比尔在乘坐新设计的飞艇飞越北极时，飞艇坠落在北极区内。阿蒙森闻讯后立即乘水上飞机前去营救，然而，人们从此再也没有看到阿蒙森的身影，飞机坠毁，机上人员全部遇难……。

弗里乔夫·南森在怀念阿蒙森的文章中深情地写道："他在那静寂的冰层下找到了没有墓碑的坟墓。但是，他的名字无疑将像北极光那样长远地闪耀。他像夜空中突然出现的一颗星那样来到我们中间，然后又突然消逝，只留下我们茫然若失地对着空虚的地方凝视。"这也许是我们对阿蒙森南极探险的最深刻、最美好的思考。

"文坛伯乐"叶圣陶

小学语文课本里选取了叶圣陶先生的许多作品，如：《小小的船》《记金华的双龙洞》等，他也是我们小学生最为熟悉的作家之一。

叶圣陶 (1894～1988) 原名叶绍钧，江苏苏州人，不仅是著名作家，我国现代著名的教育家、编辑出版家和社会活动家，中国现代童话创作的拓荒者，还是公认的"文坛伯乐"。1923 年他开始从事编辑出版工作，先后担任过《小说月报》、《中学生》等近 10 个刊物的编辑，以敏锐的眼光和开阔的胸襟，发现并培养了一批著名作家，为我国现当代文学的发展做出了另一方面的特殊贡献。

受到叶圣陶关心和帮助的名作家中，以茅盾、巴金、戴望舒、丁玲最为出名。沈雁冰完成处女作《蚀》三部曲后，首先得到了叶圣陶赏识。叶圣陶不仅对这部小说进行字斟句酌的修改，还建议作者把笔名"矛盾"改为"茅盾"，然后推荐到《小说月报》上发表，使沈雁冰一举成名，"茅盾"成了沈雁冰永久的笔名。

让戴望舒的《雨巷》一炮打响。22 岁那年，戴望舒为了讴歌自己的恋爱写了后来名闻遐迩的《雨巷》一诗。可是，他不知道这首诗作能不能发表，心里没有底，一年多以后，才怀着试试看的心情，把它寄给了《小说月报》。叶圣陶发现后，立即在该刊 19 卷第 8 号的重要位置上为这位当时还名不见经传的青年登载了《诗六首》，其中一首就是《雨巷》，并写信给他表示赞赏，称《雨巷》"替新诗底音节开了一个新纪元"。叶圣陶的鼓励、支持，终于使默默无闻的小诗人成了自成一派的现代大诗人。

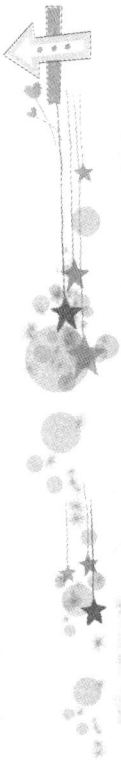

让巴金的《灭亡》在文坛上受到关注。1928年，巴金把他的第一本小说稿《灭亡》抄在了5本练习本上，从法国巴黎寄往上海的开明书店，希望通过自己翻译所得的稿酬来自费完成这本书的出版。有趣的是，这一天叶圣陶恰巧在开明书店看到了这部书稿，便决定在《小说月报》上发表，还为这本书写了热情洋溢的预告："这是一位青年的处女作，写一个蕴藏着伟大精神的少年的活动与灭亡……后半部写得尤为紧张……"1929年1月至4月，这部作品在《小说月报》上连载了，24岁的巴金从此走上中国文坛。50多年后，巴金感慨万千地写道："倘使叶圣陶不曾发现我的作品，我可能不会走上文学的道路，做不了作家，也很有可能我早在贫困中死亡。""五十年来叶圣陶的眼睛一直在注视我，真是一位难得的好编辑……我甚至觉得他不单是我的第一本小说的责任编辑，也是我一生的责任编辑。"一代文学巨子巴金的话令人动容，而叶圣陶对他奖掖之恩更让人感动。

让丁玲的一系列作品在《小说月报》上问世。中国文坛上没有哪一位作家像丁玲那么幸运，从23岁那年发表处女作《梦珂》，到第二篇小说《莎菲女士的日记》、第三篇小说《暑假中》、第四篇小说《阿毛姑娘》都能够相继在《小说月报》的头版刊出，再到1928年出版第一本短篇集《在黑暗中》，无不得到叶圣陶的关心和帮助。叶圣陶不仅为她修改处女作，提出意见或建议，还把这些小说都放在重要位置上，并且连续地为一个不知名的作者提供发表园地，这在中国文坛上是前所未有的。经过叶圣陶的努力，终于把一个文坛新秀培养成了 20 世纪中国文坛上的一颗明星。1979 年，因"右派"等问题，75 岁的丁玲历尽磨难后回到北京，立即拜访了 85 岁的叶老，她无限感慨地说："当年要是您不发表我的小说，我也许就不走这条路……"这句久埋于怀的话，不仅是丁玲的，也是众多作家对"文坛伯乐"要表达的共同心声。

李白扬名的"妙招"

我们小学语文课本里选取了李白的多首诗作，如《古朗月行》《望庐山瀑布》等等。李白祖籍陇西成纪（今甘肃秦安附近），出生于中亚的碎叶城，五岁时随父全家迁居四川江油，因此他一直把四川认作自己的故乡。他一生志向远大，生活道路却历尽坎坷，在政治上屡屡受挫，但是为后人留下了上千首豪放的诗歌，成为我国文学史上继屈原之后又一伟大的浪漫主义诗人。

诗人李白除了写诗上的天赋和实力外，还有一些扬名的

"妙招"，值得我们一读和思考。

李白的扬名妙招之一是主动出击。

诗人李白性格很开朗，诗风豪放，可是他放弃了科举求仕的道路，希望通过各种社会关系来结识名人，提高自身的知名度，就像今天的"傍明星"。

有一年，大官僚、大文豪，益州大都督府长史，又是剑南这一带的按察节度使的苏颋到达四川，李白立即抓住机会在半路上把他拦了下来，递上了自己的片子、诗作……这种胆识、勇气，又加上年轻，诗作也确实有才气，苏颋当然会给面子，毫不吝啬地表扬了几句，并对他的作品进行了点评……有了苏颋的褒奖、鼓励，李白才情勃发，多次把自己的诗作托人带给这位名士，使自己的名声也得到了提高和大家的认同。

不仅如此，李白对唐代的著名道士司马承祯也使用这一招术。李白如果知道司马承祯上哪儿去了，他会立刻追过去，用诗歌唱和一番，一时传为佳话。

李白扬名的另一个方法是在名人酒会展现自己。

名士或达官宴会在中国自古就有，而且是一种传统。李白为了结识当地名流，经常会运用自己的智慧，甚至才华或"心计"向上靠。

有一年，他在襄阳参加了一个由地方长官韩朝宗、人称韩荆州召集的宴会。为了惹引这位长官的注意，宴会开始不久，李白立即第一个举起酒杯来，向韩荆州敬酒。韩荆州见

状，有些不悦，可是，才华横溢的李白脱口而出地吟诵道：

"生不用封万户侯，但愿一识韩荆州。"

话音刚落，立刻满座喝彩。韩荆州也非常高兴。后来，李白给这位比较爱才、惜才的韩荆州上书，希望得到他的提携，尽管没有得到实质性的帮助，但是"生不用封万户侯，但愿一识韩荆州"这句诗作让李白在襄阳大地名声远播。

李白和汪伦的"布衣情"

我们课本里有李白的名篇《赠汪伦》："李白乘舟将欲行，忽闻岸上踏歌声。桃花潭水深千尺，不及汪伦送我情。"这首诗是李白即兴脱口吟出，历来为人传诵。在电影《风雨下钟山》中，毛主席接见国民党和谈代表张治中时还引用了这首诗。全诗寓情于景，情景交融，感情真率自然，诗人用水潭之深比喻自己对汪伦的感情之深。那么，汪伦是一个什么样的人？李白是怎么样认识他的？历史上，汪伦确有其人，李白与他也确实有一段难忘的"布衣情"。

汪伦是唐朝泾州（今安徽省泾县）人，生性豪爽，喜欢

结交名士，经常仗义疏财，慷慨解囊，一掷千金而不惜。李白（701～762年），字太白，号青莲居士，唐代伟大的浪漫主义诗人，当时他在诗坛上已经名声远扬，令汪伦非常仰慕，希望有机会一睹诗仙的风采。可是，泾州（现在的安徽皖南地区）是个小地方，而且汪伦名不见经传，用今天的话来说，还是个"草根"，怎么能见到李白这样的大诗人呢？

机会总是垂青有准备的人。后来，汪伦得到了李白将要到安徽游历的消息，立即写信邀请他来"家中作客"：

"先生不是喜欢旅游观光吗？这里有'十里桃花'。先生不是喜欢畅饮美酒吗？这里有'万家酒店'。"

这封信确实"切中要害"，李白一生有两大爱好，一是美酒，二是漫游。接到这样热情洋溢的邀请信，能不心动吗？于是，李白按捺不住对美酒和美景的向往，兴致勃勃地赶来了。一见到汪伦，便立即要去看"十里桃花"和"万家酒店"。

"桃花是我们这里潭水的名字，桃花潭方圆十里，并没有桃花。万家呢，是我们这酒店店主的姓，并不是说有一万家酒店。"汪伦微笑着向李白解释，希望得到他的理解。

"原来如此，原来如此！""李白听了，先是一愣，旋即明白了汪伦的苦心，立即哈哈大笑起来，连说："佩服！佩服！"

虽然这里没有十里桃花，也没有万家酒楼，但是这里群山环抱，重峦叠嶂，特别是乡风淳朴，李白和汪伦每天高谈阔论，而且有美酒、美景相伴，自在得像个活神仙。

"天下没有不散的筵席。"李白要走的那天，汪伦送给名马八匹、绸缎十捆（可见汪伦也并不是一般的老百姓。近年，考古人员在泾县水东长滩发现了一块汪伦墓碑，上面写"史官之墓汪伦也"。这说明汪伦至少也是个乡绅，但是与李白相比，这样的小官也不过是普通百姓而已），还派仆人给他送到船上。当李白登上了停在桃花潭上的小船正要离岸的时候，忽然听到一阵歌声。他回头一看，只见汪伦和许多村民一起在岸上踏步唱歌赶来送行。其情其景，感人至深，心热肠动的李白写下这首《赠汪伦》送别诗。

《赠汪伦》这首诗，使汪伦的名字流传后世，桃花潭也因此成为游览的胜地。为了纪念李白，村民们在潭的东南岸建起"踏歌岸阁"，至今还吸引着众多游人。

白居易与《草》

我们小学课本里选的古诗《草》，原题是《赋得古原草送别》，作者是唐代诗人白居易。其实，原诗8行4句，课文摘

用了它的前 4 行，所以才把诗题改为《草》。这首诗概述了野草的特点，赞颂了它顽强的生命力。

原诗《赋得古原草送别》是这样的："离离原上草，一岁一枯荣。野火烧不尽，春风吹又生。远芳侵古道，晴翠接荒城。又送王孙去，萋萋满别情。"这首诗通过对野草的描绘来表达与朋友分别时的情感和友情的深厚。在诗中，白居易以原上草喻别情，想象别致，情味隽永。其中，"野火烧不尽，春风吹又生"最为出名，是全诗的点睛之笔，也表现了对于新生事物的赞颂。白居易也因这首诗而一夜成名。

白居易 (772 ~ 846)，字乐天，唐代大诗人，是陕西渭南县人。他出身书香门第，自幼聪慧，五六岁便学作诗，9 岁便能够辨别声韵，由于家境不是太好，所以读书特别刻苦，年少有成。虽然唐朝是诗的时代，遗憾的是，白居易出生时，李白已逝世 10 年，杜甫也去世 2 年。可是，白居易还是幸运的。16 岁那年，他到长安应试，带着自己的诗作拜访了当时著名诗人顾况。当顾况看到"白居易"三字，便调侃他说：

"长安米贵，恐怕白居不易！"

年青气盛的白居易一听，顿时心凉了一来，无言以对。可是，当顾况读到《赋得古原草送别》中"离离原上草，一岁一枯荣；野火烧不尽，春风吹又生"的诗句时，不禁大为惊奇，拍案叫绝，连声说：

"能写出如此的诗句，白居也易！刚才我只是开个玩笑罢了。"

白居易听了如释重负，对人生充满了新的期待。

从此，白居易在顾况的大力推荐下，诗名大振，最终成为继杜甫之后唐代又一位杰出的现实主义诗人，一生写了近三千首诗，而且白居易诗作当时就远播到日本、新罗（今朝鲜）、日南（今越南）等国家。据史料载，日本嵯峨天皇就曾经抄写过许多白居易的诗，藏之秘府，暗自吟诵。契丹国王亲自将白诗译成契丹文字，诏番臣诵读。朝鲜商人来求索白诗，带回去卖给该国宰相，一篇值百金……可见，写下《草》这篇诗歌的白易易，他的作品也像草一样到处生根、发芽、抽绿，在我国古代文学史上也像小草一样年年岁岁，岁岁年年，永远生机勃勃。

唐朝大诗人交友佳话

唐诗对我们中国人来说，展示的是一种全方位的美，在文学史上无可替代，唐代也成了一个"诗的时代"。仅从数

量来说，我们都知道的《全唐诗》收诗四万九千多首，包括作者两千八百余人。当然这不是唐代诗作的全部，而是历时一千年后直到清代还被保存着的唐诗，仍然洋洋大观。更为重要的是，诗歌不仅是一种文学体裁，也是会友的舞台，除了我们熟知的《赠汪伦》中描写的李白与汪伦的深情厚谊外，唐朝还有几个著名的大诗人之间也结下非同一般的真情厚谊，打破了"文人相轻"的恶习，留下了"文人相亲"的一段佳话，堪称后代文人墨客学习的典范。

1·"金龟换美酒"

李白一生为我们留下了上千首情感豪放、想象丰富的诗歌，小学语文中选取了他的《古月朗行》《夜宿山寺》《独坐敬亭山》等，是中国文学史上继屈原之后最伟大的浪漫主义诗人。贺知章（659～744），字季真，自号"四明狂客"，出生于现在的浙江省萧山，既是诗人，也是书法家。他性格开朗豪放，喜欢饮酒，往往喜欢酒后作诗文，仿佛有神来之笔，写得意气飞扬，我们小学课本里的《咏柳》《回乡偶书》等都是他的名篇。他与同时代的大诗人李白有很深的友谊，他比李白年长40多岁，是一对令人称羡的"忘年交"。

天宝元年（公元742年），李白和贺知章在长安相识。当

时，李白奉诏入京，贺知章在长安见到了李白，非常赞赏李白的诗才。在贺知章的眼里，李白是一个从天上降下来的奇才，因此称他为"谪仙人"，还热情地邀请他到酒肆中去饮酒。有一次，由于忘带银两，贺知章便取下皇帝赐给他的金龟，权充酒资，这就是历史上有名的"金龟换美酒"。贺知章比李白年长42岁，却意气相投，后来成了无话不谈的好朋友。身为太子宾客、秘书监的贺知章，在唐玄宗李隆基面前推荐李白，使李白得到了重用，被任命为翰林供奉。作为晚辈的李白，不仅敬重贺知章的为人，也十分欣赏他的诗文。

天宝三载（公元744年），贺知章因病告老还乡，时任翰林供奉的李白虽然对贺知章的离去感到依依不舍，但是性情豪放的李白还是以乐观旷达的心态接受了这一现实，并以《送贺宾客归越》一诗相赠。不久，李白因得罪权贵而被玄宗"赐金还山"，开始了漫游之旅。后来，李白来到浙江寻访自己尊敬的老友贺知章，希望能够举杯畅饮，重叙友情，想不到贺老已于告老回乡的当年在家中病逝。这让李白伤痛不已，挥泪写下了《对酒忆贺监二首并序》，追忆他们相识、相知的惊喜与欢乐，感人至深。

人事有代谢，往来成古今。李白与贺知章这两位唐代著名诗人的友情却像他们的诗文一样，千古流传，代代不绝。

2·"吾爱孟夫子"

孟浩然 (689 ~ 740) 也是唐代著名诗人,湖北襄阳人,一生没有做过官,大部分时间都是在漫游和隐居中度过的。在青年时期,他"漫游五湖、三湘",饱览了祖国的山川胜景,从而不断地扩大艺术视野,丰富了诗作的内容。我们小学课本里选了他的《春晓》,这首作者先写早晨的所感所闻,再回想昨夜的风雨落花,表达出他喜春惜春的思想感情。还有一首是《宿建德江》,这首诗抒写了羁旅之思,意境深远,流传甚广。

孟浩然和王维是好朋友,都擅长写"山水诗",而且自成一派。当年,工于绘画的王维还画了孟浩然的像挂在郢州亭子里,题曰"浩然亭"。后人因尊崇他,不愿直呼其名,把这个亭子改称"孟亭",成了当地的名胜古迹。王维非常欣赏孟浩然的才华,曾在皇帝面前竭力推举他。可是,孟浩然的政治抱负始终无法实现,得不到重用,一生在政治上都比较失意。后来,洁身自好,不愿意趋炎附势的孟浩然归隐山林,李白称赞他是"高山安可仰,徒此揖清芬"(《赠孟浩然》)。

李白与孟浩然相识时,李白名气并不大,而孟浩然已经名声在外了。因此,李白专程前往鹿门山谒见孟浩然,两人习性相投,一见如故,成了无话不说的知己。孟浩然不爱浮名,与李白离弃官场、喜欢壮游这一性情是相通的,两颗心从此相惜、相知，并通过诗歌来一唱一和。有一年的烟花三月，李白和孟浩然来到了黄鹤楼，写下《黄鹤楼送孟浩然之广陵》（有的小学语文教材入选了这首诗）这首被历代传诵的名篇，抒发了送别时无限依恋的感情，也写出祖国河山的壮丽美好。我们从《李太白集》里还可以读到李白、孟浩然之间不少赠答诗。在《赠孟浩然》中，李白写道："吾爱孟夫子，风流天下闻。红颜弃轩冕，白首卧松云。"可见李白对孟浩然是多么敬佩，两人的情谊是多么深厚。在唐代诗史上，能得到李白这样推崇和讴歌的诗人并不多见。

3·"光焰万丈长"

杜甫（712～770）字子美，河南巩县（今河南巩义）人。杜甫一生仕途失意，生活饥寒交迫，是一位忧国忧民的诗人，曾写下了"朱门酒肉臭，路有冻死骨"这样的警世名句。他的诗宛如一面镜子，真实地反映了唐朝由盛转衰的社会现实生活，不但内容丰富，而且洋溢着爱祖国、爱人民的崇高精神，被推崇为"诗史"。杜甫一生写了许多诗，流传至今有一千五百余首，我们小学语文课本里选了他的《江畔独步寻花》《春夜喜雨》《闻官军收河南河北》等诗作。

杜甫比李白小 11 岁，两人友谊深厚。公元 744 年，杜甫和李白相遇。那一年，李白 43 岁，杜甫 32 岁，李白当时已

名满天下，而杜甫还只是"小荷才露尖尖角"。不过，杜甫早就熟读过李白的很多名诗，仰慕已久，也一见如故。杜甫的才情也让李白十分惊叹，很快成了好友。他们在一起饮酒作诗、骑马打猎，遍游了河南的风景名胜，并结识了同样大名鼎鼎的另一位诗人高适——他曾写出"莫愁前路无知己，天下谁人不识君"、"借问梅花何处落，风吹一夜满关山"等佳句。

安史之乱爆发时，李白已经 54 岁，杜甫 43 岁，虽然青春不再，却常常以诗相赠，激情还在燃烧。我们在《杜甫诗集》中可以读到《赠李白》、《春日忆李白》、《梦李白》、《天末怀李白》等等。在杜甫的饮酒诗中，如《饮中八仙歌》写的是当时因饮酒著名的八个人，其中就有贺知章、李白，"知章骑马似乘船，眼花落井水底眠。……李白斗酒诗百篇，长安市上酒家眠。天子呼来不上船，自称臣是酒中仙……"看，这是何等豪情！当然，我们在《李白集》中也能找到李白写给杜甫的《戏赠杜甫》、《沙丘城下寄杜甫》、《鲁郡东石门送杜甫》等。诗，成了这两个伟人友谊的纽带。

"李杜文章在，光焰万丈长。不知群儿愚，那用故谤伤。蚍蜉撼大树，可笑不自量……"这是散文大家韩愈的名篇《调张籍》的诗句，既讴歌了两位大诗人的诗歌创作成就，也可用来赞美他们之间的友情。在中国文学史上，我们称他们是"李杜"，一为"诗仙"，一为"诗圣"！

杨万里是爱国诗人吗

　　杨万里（1127 ～ 1206）是南宋诗人，出生于今天的江西吉安。他的诗歌语言清新活泼，明快自然，深受人们的喜爱，被称为"诚斋体"，而且他的诗在当时与尤袤、范成大、陆游齐名，并称"南宋四家"，一生写了两万多首诗，保存至今的也有 4200 多首。我们课本里选了杨万里的诗作也有多首，而且他的诗有许多名句，让我们至今过目成诵，如"儿童急走追黄蝶，飞入菜花无处寻"出自他的《宿新市徐公店》；"小荷才露尖尖角，早有蜻蜓立上头"出自他的《小池》；"接天莲叶无穷碧，映日荷花别样红"出自他的《晓出净慈寺送林子方》。这些讴歌大自然的诗作，生活味道极浓，许多小读者学习了他的诗作以后，都认为他是一位田园诗人，或者是像孟浩然、王维那样的山水派诗人。其实，杨万里应该称得上是一位杰出的爱国诗人。

　　杨万里的爱国诗篇喜欢直抒胸怀，具有较强的感染力。

当他第一次横渡江、淮，去北方迎接金朝使者的时候，亲眼看到宋朝的大好河山沦于金人手中，淮河成了南宋的北部边界，两岸的骨肉乡亲，不能自由往来，心中感慨万千，挥毫写下许多爱国诗篇，如："船离洪泽岸头沙，人到淮河意不佳；何必桑干方是远，中流以北即天涯！""两岸舟船各背驰，波痕交涉亦难为。只余鸥鹭无拘管，北去南来自在飞。"（《初入淮河》）他路经镇江金山时，又愤慨地写下了"大江端的替人羞！金山端的替人愁"（《雪霁晓登金山》）等诗句，鞭挞了屈辱的南宋小朝廷。另外，还有《过扬子江》、《读罪己诏》、《虞丞相挽词》、《豫章江皋二首》等诗作，无不激荡着炽烈的爱国热情，成为爱国诗歌中的名篇。

杨万里的爱国还表现在敢于直言，为官清廉，心忧天下。他一生力主抗战，反对屈膝投降，多次以"书"、"策"、"札子"等文体向皇帝陈述自己爱国立场，一再痛陈国家利病，力诋投降之误，爱国的真情溢于言表。在京城做官时，他深知仗义执言会得罪权官，随时准备丢官回乡，还预先准备好了回家的路费，把它藏在卧室，锁在箱里，并告诫家人不许买任何物品，免得成为回家的累赘。

杨万里的爱国还体现在一生不改的爱民情怀。他为官清正廉洁，从不扰民，当时的诗人徐玑称赞他"清得门如水，贫惟带有金"（《投杨诚斋》）。他在当地做官一旦任期满了或者离任，都会把节余的钱全部交给国库，自己分文不取。后

来，他赋闲在家长达 15 年之久，有一天当朝的一名权官请他为新建的私家园林写一篇小记，并许诺以高官作报酬，杨万里坚辞不作，表示"官可弃，'记'不可作。"有人称赞他是"脊梁如铁心如石"，绝不是溢美之辞。他还写下了许多热爱农村，体恤农民，反映农民生活的诗篇。如《播秧歌》、《农家叹》、《秋雨叹》、《悯旱》、《望雨》等，都具有比较高的思想性和艺术性。

"流光容易把人抛，红了樱桃，绿了芭蕉。"不管岁月如何变迁，我们的爱国情怀永远不会改变，因而对杨万里这样关心民间疾苦、忠心报国的诗人也会永远感念不忘。

邱少云
险些被埋没的事迹

《我的战友邱少云》是小学语文课本里的名篇，主要介绍在上甘岭战斗中，邱少云所在营奉命潜伏在"三九一"高地前的开阔地里，他被美军盲目发射的燃烧弹烧着壮烈牺牲，

时年 26 岁，以一个人的生命换来了整体胜利。这篇课文里的邱少云的英雄事迹，来源于 1953 年 5 月 18 日的《人民日报》那篇举世震动的新闻名篇《伟大的战士邱少云》。也正是这篇文章，志愿军领导机关于 1953 年 6 月 1 日追授邱少云"一级英雄"称号。而这篇文章的写作、发表还有一段鲜为人知的内幕：当年，邱少云的英雄事迹险些被埋没在历史的烟尘里……

原来，邱少云牺牲后，他所在的部队只给邱少云记了一个三等功，倒是连里的指导员王明时被师里评为模范指导员。在填写先进材料时，他主要写如何做战士的思想工作，把后进战士转变成先进战士的。当时，一名组织科的干事随即追问他转变了谁的思想。王指导员说是邱少云。

根据王明时介绍，在潜伏前夜，连里召开誓师大会，大家都很激昂，只有邱少云沉默不语。连里对邱少云的思想不放心，连夜做他的工作，指导员和他一直聊到凌晨一点半钟，给他讲了许多道理，终于打消了他的恐惧念头，后来，邱少云表示一定会严守战场纪律。第二天，邱少云所在的部队按照规定潜伏下来，快到中午时，一颗燃烧弹落到了邱少云身边，他忍着剧痛，一动不动，直至牺牲，他用生命换来了整个潜伏部队的安全。组织干事听了，激动不已，认为这样的英雄不仅不是后进，三等功也不行，还应该补报特等功。可是，王明时对邱少云牺牲的细节并不知道，只知道是被活活

烧死的。后来，志愿军领导机关虽然追授邱少云特等功，但是对邱少云究竟是怎么牺牲的，还是讲不清楚。想不到，邱少云两次报功和他奇特的牺牲经过，引起了《人民日报》随军记者郑大藩的注意。他看了邱少云的简要事迹后，产生两个疑问：一是燃烧弹落在什么地方？是打中邱少云头部死亡后燃烧起来，还是从远处一点点燃烧的？二是邱少云身边有无水沟，谁看见邱少云被烧死的经过？

1952 年底，离邱少云牺牲已经 3 个多月了，王明时指导员到志愿军总部汇报工作，郑大藩再次提出这两个问题。王明时也觉得应该彻底查清楚邱少云的牺牲经过，可是知情人只有三班副班长李元兴和战士李世夫，当时他们正在平壤住院疗伤，直到 1953 年春节后才回到了连队。当王明时指导员调查邱少云牺牲的细节时，李元兴痛苦地回忆说，燃烧弹落在邱少云前面 6 米左右，燃烧液油溅到他身上，是一点一点烧过来的，从头烧到脚，当时李元兴伏在他身后 5 米左右，亲眼见到他烧死的经过。李世夫和李元兴一起证明，邱少云左面约 3 米处就有一小水沟，如果愿意，只需一滚就可以活命……

细节决定成败。两个见证人的信息传到记者郑大藩耳朵里以后，令他激动、震撼，连夜奋笔疾书写出了《伟大的战士邱少云》，10 天后在人民日报发表，立即引起强烈反响，邱少云的事迹也传遍全军，全国……

史铁生和他的母亲的故事

　　《秋天的怀念》是一篇情景交融、异常感人的课文，讲述了一位重病缠身的母亲，体贴入微地照顾双腿瘫痪的儿子，鼓励儿子要好好地活下去，歌颂了伟大而无私的母爱，表达了母子之间那如山似海的深情。这篇文章的作者就是著名作家史铁生，生活中，他们母子之间也正是这样依依难舍、一往情深。

　　史铁生（1951 年 1 月 4 日～ 2010 年 12 月 31 日）一生饱受病魔折磨，1969 年去延安地区插队落户，生了一场重病，21 岁时双腿瘫痪，30 岁那年又患上了严重的肾病，从1998 年开始做透析，每周必须作 3 次肾透析，经过 1000 多次的针刺，他的动脉和静脉点已经成了蚯蚓状。为了避免加重肾脏负担，史铁生在日常生活中不能多喝水，每次做透析，在透走毒素的同时，体内的营养也被透走，让他感觉异常疲劳……他在轮椅上生活了整整38年，透析13年，病魔展开无边的黑色翅膀，笼罩了他整个身心，但是，他的作品没有任何阴湿之气，没有怨天尤人的哀叹，而是充满明朗的光照、干净的情思和细腻的爱，充满着对生活和生命的感恩。他为我们留下了许多优秀的作品，像名作《我与地坛》至今还感动和激励着无数人。史铁生是一个极有爱心的人，他爱生活，更爱他的母亲，谈到为什么要写作，史铁生回答得冷静而又人性："我的写作，其实只是为了我的母亲……为了不让她过于厌世并且伤心……不至于叫自己生活不下去……"在生命的最后时刻，史铁生捐献了自己的肝脏，救活了一位患者，这是他献出的最后一次无私的爱……无疑，这种力量来自伟大的母亲。

史铁生的母亲，是他一生最为感戴、怀想的人，也是一位活得异常艰辛的母亲。我们从史铁生的经典作品《我与地坛》中可以找到这位母亲。史铁生每次摇出轮椅动身前，他的母亲便无言地帮他上轮椅，可是他脾气坏到极点，每天发疯一样摇着轮椅去地坛，从地坛回来又中了魔似的什么话都不说。有一回，他摇车出了小院，想起一件什么事又返身回来，看见母亲仍站在原地，而且仍然是送他走时的那个姿势，望着他拐出小院去的那处墙角，对他的回来竟一时没有反应……母亲早已深深地陷在对儿子惦念的情思中了！有时候，

史铁生会在地坛待很久，甚至一天都不回家，母亲不放心就会到地坛找他。《我与地坛》里有这么一段深情的描写："她来找我又不想让我发觉，只要见我还好好地在这园子里，她就悄悄转身回去。我看见过几次她的背影。我也看见过几回她四处张望的情景，她视力不好，端着眼镜像在寻找海上的一条船。她没看见我时我已经看见她了，待我看见她也看见我了，我就不去看她，过一会儿我再抬头看她就又看见她缓缓离去的背影。我无法知道有多少回她没有找到我……儿子的不幸在母亲那儿总是要加倍的。她有一个长到 20 岁上忽然截瘫了的儿子，这是她唯一的儿子，她情愿截瘫的是自己而不是儿子，可这事无法代替……"后来，史铁生的母亲猝然去世，因为儿子的痛苦，她活不下去了。这是她唯一的儿子，她希望儿子能有一条路走向自己的幸福，而她没有能够帮助儿子走向这条路，生龙活虎的儿子整天要忍受着病魔的欺凌，让她身心疲惫，憔悴，终于熬不住了，49 岁那一年，永远告别了北京那古老而破旧的小胡同。正如史铁生在一篇题为《合欢树》的文章中写的那样："我坐在小公园（指地坛）安静的树林里，闭上眼睛，想，上帝为什么早早地召母亲回去呢？很久很久，迷迷糊糊的我听见了回答：'她心里太苦了，上帝看她受不住了，就召她回去。'我似乎得了一点安慰，睁开眼睛，看见风正从树林里穿过。"这是史铁生的内心独白，也是思念母亲的痛苦表白！

2010 年 12 月 31 日凌晨 3 点 46 分，史铁生因突发脑溢血逝世，用他自己的话说，"也许是我妈在叫我回去了"。一个最痛苦，也最可敬的母亲，一个最坚强，也最幸福的儿子，一对承受太多苦难的母子在人生的舞台上都匆匆谢幕了，可是，他们却会像神圣的地坛那样，肃穆而静静的沐浴着夕晖，永远温馨而灿烂地照着后人。

在无声的音乐里呐喊

《月光曲》是一篇非常优美的课文，讲述了贝多芬（1770～1827）创作《月光曲》的由来，表现了音乐家那高尚、博大的情怀。遗憾的是，贝多芬的生活并不像《月光曲》里描绘得那么美妙，自 28 岁起，他的听力逐渐减退，到 50 岁时双耳完全失聪，但他一直隐忍着这种致命的打击，坚持指挥、作曲，与命运抗争，在无声的音乐世界里以热血和斗志来呐喊……

在一串辛酸的音符里结束童年。贝多芬的童年并不是五彩缤纷的。他出身在一个非常普通的家庭，母亲是宫廷大厨

师的女儿，善良温顺，婚后却备受生活折磨，在贝多芬 17 岁时含恨离世。他的父亲是德国宫廷歌手，碌碌无为，嗜酒如命，对贝多芬的音乐启蒙虽然起了一定的作用，可是，他在父亲的眼里只是一棵"摇钱树"：贝多芬从 4 岁起就整天没完没了的练习羽管键琴和小提琴，8 岁时首次登台就获得巨大成功，被人们称为第二个莫扎特。可是，贝多芬的童年能与莫扎特媲美吗？莫扎特在童年时受到了良好的教育，生活愉快、安定，有一个慈爱的父亲，还有一个十分疼爱他的姐姐，而贝多芬的童年里跳动的音符都浸满了辛酸和伤痛。

在美妙的音乐中心醉神迷。贝多芬是音乐天才，可是这天才并非与生俱来，是勤奋和刻苦的结晶。在贝多芬的生命乐章中，有许多难忘的曲谱。有一天，他到一个饭馆用餐，点好了菜却突然来了灵感，心潮澎湃，热血沸腾，立即拿起餐桌上的菜谱，在背面作起曲子来，整个身心沉浸到了乐曲里。餐馆的服务员目睹这一切，不忍心打扰，悄悄地退去，大约一个小时后才轻手轻脚地走到贝多芬身边："先生，上菜吗？"贝多芬却如梦初醒，立刻掏钱结账。服务员温和地解释着："先生，您还没吃饭呢！""不！我确信我已经吃过了。"贝多芬根本不相信自己没吃饭，付款后抓起写满音符的菜谱就冲出了饭馆。音乐让他废寝忘食，也把他搞得时常处于精神亢奋之中，每当他处于创作高潮时，总会把一盆又一盆的水泼到自己头上来使它冷却，直到水浸透到楼下的房间……

这样，经常给房东惹麻烦，只好不断地搬家，有时搬得太频繁了，他竟然不把钢琴的腿支起来就直接坐在地板上弹奏它。他对作品精益求精。有一次，作曲家门德尔松公布了贝多芬的一份手稿，发现这张稿纸上有一处改了又改，竟贴上了12层小纸片。门德尔松把这些小纸片一一揭开，发现最里面的那个音符（即最初的构想）竟然与最外面的那个音符（第12次改写的）完全一样！这么追求完美的艺术家令人万分动容，很像"为求一字妥，捻断万茎须"的古代中国诗人。可见，艺术的道路是相通的，没有那种"语不惊人死不休"的精神，就不会写出留芳后人的艺术精品。

在无声的世界里演奏命运的交响曲。1800年，正当贝多芬艺术生涯渐渐走上高峰的时候，他发现一个可怕的事实正悄悄地走近自己、威胁自己：耳朵越来越聋了。失聪，意味着从此将陷入无声的世界，对音乐家来说，这比盲人不能见到光明更为痛苦、可怕。这种令人心碎的痛苦对贝多芬来说太残酷了，令他几近绝望。起初，只有威格勒医生和斯蒂芬·冯·勃罗伊宁等几个老朋友知道他的不幸。他一直在默默地隐瞒着自己的病情，怕人们注意到他的耳聋，以为一个听不见声音的音乐家是写不出好作品的。他渐渐离群索居，也变得愈来愈孤僻，最后写下了绝命遗书，陈述悲惨的遭遇与不幸。好在贝多芬是一个生命的强者，因康德的哲学观重建信心，最终振作起来，发出了"我要扼住命运的喉咙"

的呐喊，继续不断地进行音乐创作，把音乐变成表现最深刻思想的一种语言！从1818年起，在贝多芬一生的最后10年当中（1818～1827），他在耳朵全聋、健康恶化、生活贫困和精神上受到严重折磨的情况下，仍以巨人般的毅力创作了《第九（合唱）交响曲》，总结了他光辉的、史诗般的一生，并展现了人类的美好愿望。在《第九交响曲》预演时贝多芬亲自指挥，可是因为他耳聋无法进行，秩序大乱，让他伤心至极，正式公演时不得不由乌姆劳夫指挥，而贝多芬仍在舞台上背对听众指导。当全曲演奏即将结束时，听众深受感动，高声欢呼，掌声如雷，可是贝多芬什么也听不见，毫无知觉，仍沉醉在如歌如泣的旋律里，最后是演出者的友善提醒，才使他感受到感人的场面，终于泪流满面地谢场……

"要忘掉自己的不幸，最好的方法就是埋头苦干"。贝多芬一生坎坷，终身没有建立家庭，孤身一人漂泊在音乐的大海上，顽强地度过了31年没有声音的岁月。他在不知不觉中患了肝病，仅1826年就动了四次手术……他的一生经受了失恋、失聪、苦难、病痛等轮番交织地打击、折磨，但贝多芬却没有垮掉，他的许多佳作都是在这种景况下诞生的！1827年3月26日下午，维也纳纷纷扬扬地下了一场雪，并伴有隆隆的春雷声，此时，没有一个亲人在身旁的贝多芬握紧右拳，咽下了最后一口气。3月29日，在贝多芬的葬礼上有两万多人自动为他送行，形成了一个群众性的浪潮，所有的学校也为他停课！一代伟人、百世乐圣的贝多芬先生把生命定格在第 57 个年轮上，却为我们留下了一百多部伟大作品，至今滋润着我们的灵魂，如甘泉，似美酒！

诺贝尔智破凶杀案

《最后的辉煌》这篇课文讲述了诺贝尔（1833 ～ 1896）晚年将自己的巨额资产用于捐助祖国医学事业和设立诺贝尔奖的辉煌业绩，歌颂了诺贝尔热爱科学、热爱祖国、热爱人类的无私奉献精神。诺贝尔的研究涉及化学、生物学、纤维学、医学、生理学等领域，仅专利就有 350 项。这位科学家因发明炸药成名，因设立诺贝尔奖而备受后人称颂。有趣的是，他还利用自己在炸药研究中的知识，成功地侦破一起情杀案，一时传为奇谈。

那时，诺贝尔刚刚从美国学习技术回来，就在他父亲办的研究所工作，并开始对炸药的研究。一天晚上，天气特别闷热。忙碌一天的诺贝尔刚刚进入甜美的梦乡，突然一阵喊叫声把他从睡梦中惊醒。原来，研究所的助理员汉森被炸死

在值班室。

诺贝尔立即起床，揉了揉惺忪的眼睛，直奔现场，看见值班室的地板上有许多炸碎的厚玻璃片和一块直径十五厘米的石头。助理员汉森躺在床上，脸部和胸口都嵌进了不少玻璃碎片，满床是血，惨不忍睹。当他低头一看时，发现地板上还有一个直径很大的被震碎的玻璃瓶瓶底。瓶盖上拴着几根打着结的钢琴弦。

"看来，这爆炸好像是由玻璃瓶内的什么东西引起的。"诺贝尔立即捡起一块碎片嗅了嗅。

"奇怪，怎么有一股酒精的味道呢？而且现场没有发现硝化甘油，没有火药，没有燃烧过的痕迹，这爆炸又是从何而起的呢？"

经过观察，诺贝尔还发现，书架上还在淌水，地板也非常潮湿。

"这爆炸的玻璃瓶中一定装满了水。可是，水怎么能爆炸呢？"诺贝尔的心里出现了一团解不开的迷雾。

他立即找来与汉森同时值班的一个夜班警卫。警卫两眼盯着诺贝尔，吞吞吐吐地说：

"诺贝尔先生，事情是这样的——

在几个小时以前，也就是大约在九点钟左右吧，艾肯先生在加班回家的时候，来到值班室，对我说要请我去吃夜宵，我想反正有汉森先生值班，出去一会儿没关系，于是，就跟

他出去，到村里一家饭店吃夜宵了……"

"那爆炸声，你听到没有？"望着一脸恐慌的值班警卫，诺贝尔压低声音问。

"没有，没有。"

"那你是什么时候知道这件事情的？"

"我和艾肯先生分手回到厂里后，已经是 11 点了，这才发现值班室的玻璃窗好像是震坏了，然后才……请原谅……我……"

小警卫吓得浑身打颤，他知道擅离职守所带来的严重后果。

诺贝尔想："这个爆炸一定与艾肯有关。"诺贝尔听说是他把警卫约出去的，便有了这种想法。

原来，厂里的人都知道，艾肯和汉森同时爱着厂里一位漂亮姑娘，他们两个是情敌。艾肯是所里研究液态硝化甘油冷冻的技术员，联系到艾肯的冷冻试验，诺贝尔恍然大悟，什么都明白了。

"凶犯就是艾肯。艾肯借爆炸事故来掩盖他消灭情敌的真相，这倒是一个很巧妙的发明呢！"诺贝尔一边想，一边摇头叹息，找来了艾肯后，严肃地说："你巧妙地便利用冷冻方面的知识，先在一个厚厚的玻璃瓶中放满水，密封后，放在化学实验用的大口玻璃瓶中，再在密封的瓶四周放满了干冰和酒精。大口玻璃瓶盖上盖子，盖子上又压了一块石头，并且用钢琴弦牢牢地将石头扎紧在瓶盖上。干冰和酒精掺和在一起，温度能降到摄氏零下80度，这样的低温下密封的玻璃瓶就会爆炸，连同实验用的大口玻璃瓶的碎片，能像炸弹一样地飞出来伤人。汉森已经睡熟，警卫又不在，所以你如愿以偿地杀死了情敌。"

诺贝尔凭着自己的知识、智慧，终于使凶手无法抵赖，低头认罪。

李大钊在最后的日子里

学习了《十六年前的回忆》这篇课文后，我们知道1927年4月6日，反动军阀张作霖逮捕了李大钊。那么，李大钊在最后的日子里经受了哪些考验？党组织及其他方面的力量是怎样来营救他的？人们又是怎样来追念他的？

1·李大钊被捕的秘密

李大钊(1889 ~ 1927)是中国共产党的创始人之一，生于河北省乐亭县。他在俄国十月革命的影响下，编辑出版《新青年》，传播马克思列宁主义，积极领导了五四运动，在社会上产生了较大的影响。反动派对他恨之入骨，便想方设法来抓捕他。在得知李大钊可能躲避在东交民巷使馆区里的消息后，反动军警派出大批特务化装成车夫、小商贩等在这一带窥视、盯梢。在李大钊身边负责交通工作的地下党员阎振山和厨师张全印，就是这样被特务秘密逮捕的。1926年9月的一天，京师警察厅侦缉处长吴郁文接到警察厅总监陈兴亚的命令，让他马上派人到北郊警察署审理共产党的案子。原来，敌人抓捕了在街上散发传单的李渤海，经不住酷刑的李渤海投降后供出了李大钊隐匿在东交民巷俄国大使馆里的情报及其他党员名单。反动军阀张作霖知道后，大喜过望，立即密令陈兴亚、吴郁文等带领540名警察、宪兵和特务，分成12个行动小组进行秘密抓捕。1927年4月6日清晨，吴郁文率大批军警如狼似虎地扑向东交民巷使馆区。顿时，枪声大作，李大钊这时正在里屋伏案办公，大女儿星华坐在外间的长木椅上看报，妻子赵纫兰带着小女儿炎华在院内散步……反动军警们强行逮捕了李大钊、路友于、谭祖尧等30多人，还抓走了赵纫兰和李大钊的两个女儿。

2·敌人对李大钊严刑拷打，软硬兼施

李大钊从被捕到就义，在狱中共22天。为了逼迫李大

钊招供，敌人残无人道地对他施用了多种酷刑：电椅、老虎凳、用竹签插手指等……，最后还残忍地拔去了他双手的指甲。李大钊始终大义凛然，坚贞不屈，没有说一句有损党的荣誉、有损革命利益的"供词"，没有向敌人泄露党的任何机密。连当时敌人的报纸也不得不说，李大钊受审时"精神甚为焕发，态度极为镇静"，并无可奈何地向报界承认"李无确供"！

后来，敌人看李大钊硬的不吃，只好来软的，希望能用名利来诱降他。张作霖的总参议杨宇霆亲自劝降，妄图用高官厚禄来收买李大钊。李大钊严词答道：大丈夫生于世间，宁可粗布以御寒，安步以当车，就是断头流血，也要保持民族的气节，绝不能为了锦衣玉食，就去向卖国军阀讨残羹剩饭，做无耻的帮凶和奴才！李大钊正气凛然，令劝降的敌人灰溜溜地逃走了。

3·社会各界极大震怒，掀起营救高潮

李大钊的被捕在国内外引起了强烈的反响和震怒。当时，苏联政府提出了抗议，莫斯科人民举行游行示威，在列宁格勒、海参崴等城市也召开了群众大会。在国内，北方铁路工人为营救李大钊组织了劫狱队。教育界、学者、名流和李大钊的同乡，都发起了营救。4月9日，北京9所国立大学的校

长讨论营救办法。12 日，北京国立、私立 25 所大学的校长又进一步讨论营救办法。李大钊知道这些消息后，坚决反对、制止。他说："我个人为革命、为党而牺牲，是光荣而应当，且已经是党的损失……我不能再要同志们来作冒险事业，而耗费革命力量，现在你们应当保守我们的力量……不要使革命力量再遭损失。"在这生死攸关的严重时刻，李大钊想的仍然是革命，早已把自己的生死置之度外了。

4·李大钊被执行绞杀的真相

蒋介石给张作霖拍来密电，要求"速行处决，以免后患"。1927 年 4 月 28 日，敌人对李大钊等 20 名革命志士进行秘密审判，于上午 11 时在警察厅正式开庭，至 12 时 10 分草草结束，然后由四辆军车押送到西交民巷京师看守所执行死刑。当时在门前围观的人非常多，街道都被群众堵塞了。李大钊走上绞刑台时神色从容，要求发表讲话，蛮横的敌人担心他再次"惑众"，不但没有同意，执刑的人还向他脸上挥拳，并把他推进一个发亮的金属制的长方形架子中，架子的上边正中有一个小圆圈正卡在颈中，旁边有一把柄，刽子手握住把柄，逐渐绞下去，直到舌头吐出，眼睛凸出，眼角流出血。刽子手松开把柄，将李大钊拖出，围绕刑台走了一圈，

然后用冷水往李大钊脸上喷，等他苏醒过来，又开始第二次绞刑，共继续了三次，施刑长达40分钟之久。敌人对李大钊的绞杀，惨无人道、灭绝人性！

5·李大钊被绞杀后的社会反响

李大钊牺牲后，中国共产党和革命人民以及各界进步人士进行了深切的哀悼。中国共产党的机关报《向导》周报发表的《悼李大钊同志》的文章指出，他"是创立中国共产党之一人"，"是最勇敢的战士"，并将为中国人民所"牢记不忘"。中共中央和湖北省委联合在武昌举行了有近万人参加的追悼大会，武汉的国民政府也举行了隆重的追悼会和报告会。李大钊生前还对冯玉祥将军及其国民军作过许多帮助和指导，李大钊牺牲的噩耗传到了冯玉祥的部队时，全体官兵悲愤不已。当时，这支部队正参加北伐东进，冯玉祥将军立即命令全军官兵人人为李大钊戴孝志哀，并称李大钊烈士是"中国自五四运动以来新思想界的泰斗"，是"在北方指导国民革命运动最忠实、最努力和最有力之领袖"。这些评价以及追思，在中外军史、党史上都十分罕见。这是因为，李大钊烈士以自己的革命精神和满腔热血，感动了无数爱国者，也唤醒了许多革命志士。

从"丑小鸭"到"天鹅"

丹麦著名作家安徒生（1805 ～ 1875 ）的《卖火柴的小女孩》、《丑小鸭》等入选我们小学语文课本后，让千千万万的中国儿童对"卖火柴的小女孩"的命运产生了极大的同情，并爱上了"丑小鸭"，也由衷地感谢异国他乡的这位"童话大王"为我们的童年送来了珍贵的礼物。虽然我们说童话是一种插上翅膀就能飞翔的文体，但是，安徒生的童话往往来源于生活，像"卖火柴的小女孩"原型是他的母亲，而"丑小鸭"是他自己的人生历程的真实写照，或者说，安徒生曾经也是一只可怜的被人瞧不起的"丑小鸭"，经过不懈的奋斗终于长成为一只美丽的"天鹅"。

童年没有鲜花。他出生在欧洲北部的一个叫奥登塞的古老小镇，父亲是一个默默无闻的鞋匠，母亲是一个依靠帮助

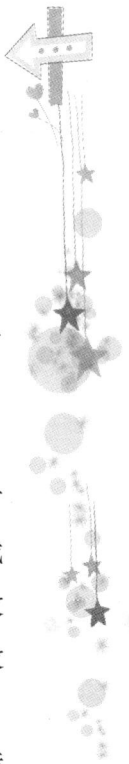

有钱人家洗衣服换点零花钱的普通妇女。11岁那年，丹麦与法国发生战争，安徒生的父亲被迫参军，不久又生病死去，家境更加困难了。他长得不漂亮，家里又穷，穿得破破烂烂，脏兮兮的，一副令人讨厌的模样，常常被富家子弟打得鼻青脸肿，心灵的伤痛一层又一层，就像冬天的雪花，厚厚的，人生感受不到任何温暖。后来，无能为力的母亲只好改嫁，继父对安徒生总是冷眼相对，视为异物。母亲经过千方百计的努力，才让安徒生能够读几年书，希望他长大后当上个裁缝，有个手艺糊口。这就是安徒生整个童年生活的景象，没有爱，没有香喷喷的面包，春天来了又去，去了又来，却没有一朵花为他而开。

为谋生四处奔波。尽管家境困苦，但是，它锁不住安徒生对生活的追求和渴望。他不想当裁缝，特别是他在首都哥本哈根看了一个剧团的演出后，一下子被迷住了，一心想当演员，就像今天所有的追星少年一样，期待一夜成名。可是，生活总是跟他过不去：想当舞蹈演员，剧团经理说他"太瘦"，形象不好，"会被观众嘘下台的"；想学舞蹈，可是他天生不具备舞蹈演员的身材；为了生计，学木匠，又因身体太弱、太单薄，被无情地解雇了；好不容易被一位音乐教授接收学唱歌，又因为天冷没有衣服，冻哑了嗓子，只好悲愤地离开……生活的恶浪总是一波又一波，道路的坎坷总是一程又一程，安徒生的眼睛里总是漂移着太多的忧伤、苍凉！

找到属于自己的星座。"天上有无数颗星星，总有一颗属于你的。"经历无数失败的安徒生不放弃、不动摇，以坚强的意志向命运发起了挑战，开始尝试着写剧本、写诗歌，也写小说、散文，经过多年持之以恒的奋斗，他的作品终于得到了名家的赏识。1835年30岁时，安徒生怀着为"争取未来一代"的梦想，以及对辛酸童年的追忆，开始写童话并出版第一本仅61页的童话集，收录了《打火匣》、《小克劳斯和大克劳斯》、《豌豆上的公主》、《小意达的花儿》等四篇文章。遗憾的是，这个作品集并没有获得好评，甚至有人认为他没有写童话的天分，建议他放弃。但安徒生说："这才是我不朽的工作呢！"面对冷嘲热讽，面对事业的失败以及失恋的打击，安徒生没有消沉、退缩，而是咬定目标不放松。"功夫不负有心人"，安徒生这只丑小鸭终于像天鹅一样腾飞了，他写出了168篇脍炙人口的童话和故事，被译成了80多种语言。70岁那年，安徒生因病闭上了眼睛，生命却化成了一颗冉冉升起的星星，在天空灿烂地照耀着大地，光亮穿透了时空，至今仍然耀眼夺目。

揭开条件反射之谜的人

我们小学语文课本里有一篇阅读短文，题目叫《巴甫洛夫很忙》，写的是俄国著名生理学家、诺贝尔生理学医学奖获得者巴甫洛夫(1849-1936)在濒临死亡时在忙些什么，表现了这位伟大的科学家与常人的不同，他是在忙着把自身生命衰变的感觉留作科学研究的材料，他的临终时刻的这一惊世之举，让我们认识到他的"勤奋、豁达、超然、镇静、无私、无畏"的高尚品质。那么，巴甫洛夫到底是一个怎样的人，在科学上有什么贡献？

提起巴甫洛夫，我们一定会想到著名的条件反射学说，是他揭开了生物的条件反射之谜。

1849 年 9 月 14 日，巴甫洛夫出生于俄国一个叫作里亚山的小乡村里。他的父亲是一位善良的乡村牧师，巴甫洛夫受他的影响，从小就富有一颗同情心。长大后，巴甫洛夫几经

周折才进入彼得堡军事医学院，希望通过医术来拯救那些受苦受难的人们。毕业后，巴甫洛夫留校工作，开始如饥似渴地研究生理学。经过一段时间的细心观察、实验和研究，巴甫洛夫发现唾液腺对消化有着重要的作用。他注意到这样一种奇怪的生理现象：每当狗看到食物的时候，都会自然地分泌出唾液来。比如，在正式喂食前，如果狗看到喂养者或者听到喂养者的声音，就会分泌出唾液来。他认为这完全是一种生理学现象：狗是由于看见或听见刺激——经常喂食的人，从而在大脑里产生一种反射，这反射引起了精神性分泌。为此，他还发表了一篇名为《腺之秘密》的论文。

这个发现引起了德国生理学权威卡尔·鲁德威教授的注意。鲁德威教授立刻邀请他去德国进行生理学交流和研究，但被巴甫洛夫拒绝了，因为他的实验已到了关键时刻。就这样，巴甫洛夫又全身心地投入到研究消化生理学的实验当中……

"这些跟唾液和胃液并没有直接关系的刺激，是在什么时候以什么方式引起分泌唾液反应的呢？"对于这个问题，巴甫洛夫不得而知。

他为了更好地观察动物的消化液腺和生理机能，在狗的胃、唾液腺、小肠和胰腺上都亲手做了瘘管。人们可以通过这些瘘管向外分泌出的消化液，来观察动物消化生理过程。

为了研究是什么东西引起狗的反射性行为，巴甫洛夫细心地观察狗进食的规律。他做了这样一个实验：在狗进食时先

摇铃，这样经过几次重复后，虽然没有食物给它，但只要一摇铃，狗听到铃声后，它的各个瘘管里也都会分泌出消化液来。

于是，巴甫洛夫得出了大脑的条件反射原理，成功地证明了条件反射是可以经过训练来得到。由于生物本身具备条件反射形成的生理基础，而建立条件反射又是后天能实现的，所以，条件反射的概念不仅涉及生理学，还涉及心理学、精神病学，甚至还涉及到教育学。后来，巴甫洛夫又在圣彼得堡大学的生理研究所里，开展了神经系统的研究，从而使他的理论更趋完善，人类也从此才系统地了解了条件反射的奥秘。

狗看到食物分泌唾液，这是司空见惯的事儿。可是，为什么会这样呢？根本原因在哪儿呢？巴甫洛夫就像钻迷宫似的一个一个探索，终于发现了唾液分泌规律，揭开了条件反射之谜，创立了条件反射学说。

颜黎民是一个怎样的人

《给颜黎民的信》这篇书信一直是我们小学语文高年级的教材。他是鲁迅先生写给一位叫颜黎民的书信。那么，颜黎民到底是一个什么样的人？

颜黎民（1912～1947）不仅是一个热爱鲁迅的文学青年，更是一位寻求真理、为救国救民而捐躯的革命志士，是一位为新中国诞生而英勇献身的烈士。他原名叫颜邦定，后来改名则悔、导黎，在解放战争时期又化名白锐。他出生在四川省梁山县（现在的重庆市梁平县）城南颜家沟村，初中毕业后考到了北平志成高中，并在这里加入了中国共产党。1934年，他因被怀疑为共产党员而被捕。出狱后，他于1936年4月两次给鲁迅先生写信，鲁迅于4月15日的那封著名的回信《致颜黎民的信》被选入我们小学课本，影响和教育了一代又一代人。当时，颜黎民刚刚出狱，思想异常苦闷、迷茫，于1936年的3月27日化名"颜黎民"，以一个孩子的口吻给鲁迅先生写信。从鲁迅先生回信的内容看，颜黎民给鲁迅的信中大致写了这样一些内容：父亲比较严厉，曾把他关在黑屋子里；他的六叔拿鲁迅的书给年龄不到20岁的青年人看，影响了他；他向鲁迅先生索要两本书和照片；问先生他该读什么书。这时，距鲁迅先生逝世只有半年时间，先生的身体已非常虚弱，完全可以不回信的，更何况是一位素昧平生的青年人呢！然而，鲁迅先生还是抱病及时回信，并对颜黎民信中提及的疑问真诚地逐一回答，像一位长者，舐犊之情跃然纸上；更像老朋友，亲切、平实、真诚。虽然当时国民党反动派限制言论自由，鲁迅还是毫不犹豫地说"我可以同意"，"既然说了，就不怕发表"，同意信的公开发表，表现了鲁迅无所畏惧的革命精神，也表明鲁迅先生对自己的话敢于负责任，对青年人的关怀之情是真诚、无私的，没有什么见不得人的地方。

1938年，颜黎民经叔父颜伏（当时在新四军工作，新中国成立后曾任济南军区炮兵司令员）和新四军政治部介绍到延安抗大学习。1947年7月，颜黎民任三野二纵队某团营教导员，在华东野战军南麻战役牛头崮战斗中光荣牺牲，因当时化名白锐，故称"白锐烈士"。1951年，组织上给颜黎民家中去信，证明他何时牺牲于何处，并给予烈士待遇。回顾颜黎民短暂而光辉的一生，应该说，他由一个爱好文学的热血青年，成长为革命战士，与鲁迅的教诲与影响是分不开的。

鲁迅·藤野先生·仙台

《在仙台》一课是鲁迅先生追忆当年留学日本学医时，得到藤野先生无私教诲的往事，赞美了藤野先生正直、崇高的人格。那么，鲁迅与藤野先生是怎样结下这段友谊的呢？藤

野又是一个什么样的人？鲁迅、藤野、仙台这三者间有什么鲜为人知的秘密？

仙台是日本的一个不大的市镇，鲁迅当年在仙台的一所医学学校学医，藤野先生教授的是解剖学。藤野先生叫藤野严九郎，原籍日本福井县坂井郡，生于1874年，卒于1945年。他毕业于爱知县立医学专门学校，于1901年应聘到仙台医学专门学校任教，就是在那里成了鲁迅的老师。他是一个治学严谨，而且对中国文化有所了解和热爱的正直的日本知识分子。由于藤野先生担心鲁迅在课堂上不能抄下他的讲义，或者看不懂讲义，要求鲁迅每周把课堂笔记送给他检查。有一次，藤野先生发现鲁迅的课堂笔记上的解剖图变了样，便严肃地指出来，对一些遗漏的地方还用红笔修改好补上。在日本学习期间，鲁迅与藤野先生交往较多，除了谈医学外，还常常交流中国的文化，师生之间成了好朋友。在那个年代，日本人对中国留学生是歧视的，藤野先生对鲁迅却是发自内心的真正帮助，希望他能对中国新医学做出一些贡献。

第二学年结束后，鲁迅告别藤野先生，并谎称自己想去学习生物学。其实，鲁迅当时弃医从文，目的是用笔来唤醒精神麻木的同胞。临别前，藤野先生送了一张照片给鲁迅留作纪念，在照片的背面写着"惜别"，还嘱咐鲁迅回国后一定要寄照片给他，并经常通信保持联系，告诉生活情况。可见，藤野先生非常珍惜与这位中国学生之间的友情，也十分看重

鲁迅。

遗憾的是，鲁迅回国后，景况并不是那么好，担心老师失望，一直不敢去信，而且多年也没有去写信和寄照片。仙台一别，天各一方，但是鲁迅没有忘记恩师，虽然没有联系，但他们的心是相通的。鲁迅先生一直把老师送的那张照片挂在北京寓所的墙上，以此来鞭策自己努力向前，就足以说明一切。

鲁迅先生逝世的消息传到日本后，当记者把刊登鲁迅丧仪情况的杂志给藤野先生看时，他竟把杂志举到了头上，恭恭敬敬地捧着行礼，表示对鲁迅先生逝世的惋惜与悼念。藤野先生还向记者发表了讲话，并写了回忆文章《谨记周树人》一文来哀悼鲁迅先生。他以痛惜与虔敬的笔墨写道："我一边深悼着那以些微的亲切作为那么样的恩谊而感激着的周君之灵，同时敬祝周君的家属康健不已。" 1960 年秋天，日本朋友在仙台市的博物馆附近为鲁迅先生建了一座纪念碑，石碑的正面上方镶嵌着鲁迅先生的青铜像。日本人民也对藤野先生非常敬仰。1964 年，在福井市足羽公园建立了藤野严九郎的纪念碑，碑文上镌刻着："建立惜别之碑，以纪念两位先生不可泯灭之缘。"1972 年，中日实现邦交正常化，在仙台市博物馆还举办了鲁迅留学仙台期间的有关资料展览会，以表示对鲁迅先生的追念。

"匍匐在华夏大地上的一根铁轨"

　　我们对"詹天佑"这个名字耳熟能详的原因是，不仅在小学课本里有《詹天佑》这一篇文章，还有以这三个字为名的电影、工程大奖等，而且最让我们一读不忘的是"中国铁路之父"这个称号。詹天佑是中国铁路工程的拓荒者，先后主持和参与修筑了沈京、新易、京张、川汉、粤汉等铁路，还编写出版了《京张铁路工程纪要》、《京张铁路标准图》等工程技术书籍。2005 年 10 月 12 日，为纪念京张铁路开工 100 周年时建造的詹天佑铜像也足以说明，这位伟人的精神早已穿透岁月的风尘、历史的沧桑，永远向后世闪烁着耀眼的光辉……

　　詹天佑 (1861 ～ 1919) 是广东南海人，原籍江西婺源，是我国首位杰出的爱国铁路工程师，一生与铁路有着不解之缘。

小时候，詹天佑就展现了超强的天赋，喜欢拆装机器零件，用泥土做模型，甚至还偷偷地把家里的自鸣钟拆开，希望揭开它"自鸣"的奥秘，就像爱问"为什么"的爱迪生，提出了一些连大人也无法解答的问题。1872年，年仅12岁的詹天佑到香港报考清政府筹办的"幼童出洋预习班"，这也是我国第一批官办留学生留学美国。1878年，他以优异的成绩完成中学的课程，考取了耶鲁大学土木工程系学习铁道工程学。1881年，在120名回国的中国留学生中，获得学位的只有两人，詹天佑就是其中的一位。

遗憾的，詹天佑回国后学非所用，被清政府差遣到福建水师学堂学驾驶海船。1883年，中法战争爆发。第二年，蓄谋已久的法国舰队陆续进入闽江，主管福建水师的投降派船政大臣何如璋却下令"不准先行开炮，违者虽胜亦斩"。而詹天佑私下对"扬武"号管带（舰长）张成说："法国兵船来了很多，居心叵测。虽然我们接到命令，不准先行开炮，但我们决不能不预先防备。"因此，"扬武"号十分警惕，秘密地作好了战斗准备。当法国舰队发起突然袭击时，詹天佑冒着猛烈的炮火，沉着机智地指挥"扬武"号巧妙地避开敌方炮火，抓住战机用尾炮击中法国指挥舰"伏尔他"号，使法国海军远征司令孤拔险些丧命，就连英国商人创办的报纸也不得不感叹"扬武"号兵舰上的詹天佑临危无惧，生死存亡之际镇定如常，表现最为勇敢……

攻克跨河铁路大桥难题。1887年，"中国铁路公司"在天津成立，詹天佑终于有了施展才华的机会。他开始负责修筑塘沽到天津的铁路时，仅用70多天就完成铺轨工程。1890年，清政府开始修沈京铁路，请英国人金达为总工程师。1892年，当工程准备修建一座横跨滦河的铁路桥时，由于滦河河床泥沙厚、水流急，许多外国工程师对此都一筹莫展，包括号称世界第一流的英国工程师喀克斯也感到无法在滦河上建成铁路桥。面对英、日、德工程人员建桥的失败，詹天佑毅然要求由中国人自己来建造。随后，詹天佑详尽分析了各国方案失败的原因，又对滦河底的地质土壤进行了周密的测量研究，决定改变桩址，采用中国传统的建桥方法，让潜水员潜入河底，通过机器操作才完成了打桩任务，成功地建成了滦河大桥，出色地完成了全部工程。

抛弃路基一年风干常规。1902年，袁世凯为讨好清皇室，准备修建一条专供皇室祭祖之用的新易铁路（高碑店至易县），让他们坐火车去清西陵祭祖，皇室成员当然喜出望外。为了不误1903年祭祖之用，清政府提出工程必须在六个月内完成。詹天佑接受任务后，彻底抛弃了当时外国人必须在路基修成之后风干一年才可铺轨的常规，仅用四个月的时间就以极省的费用建成新易铁路，极大地鼓舞了中国人自建铁路的信心，令外国人刮目相看。

让中国人扬眉吐气。1905年，清朝政府准备修筑京张铁

路，这也是詹天佑一生最为辉煌的工作！虽然我们小学语文课本里对修筑铁路面临的困难，以及詹天佑如何以自己杰出的智慧攻坚克难，都作了记述，但是詹天佑当时面临的险恶的政治环境是许多人想象不到的。为了获得修筑这条铁路的权利，工程一开始，日本人雨宫敬次郎就上书袁世凯，称中国人没有能力修筑这条铁路，应该聘请日本技师来完成这项工程，而且英国人金达也来替日本说话。对此，詹天佑一概断然拒绝，他说这条铁路不任用任何一个外国人！居庸关隧道工程开始后，三五成群的外国人以打猎为名常来这里窥探，希望工程失败以便乘人之危。可是詹天佑以出色的表现让中国人最终站在了胜利的舞台上，高昂的火车头吐出了中国人抑郁已久的愤怒和屈辱！1909 年 9 月，这条铁路全线通车，比原计划提前了 2 年，工程费用也只是外国人估价的五分之一。

1919 年 4 月，詹天佑因病回湖北省汉口，途中抱病登上长城，曾无限感慨地说："生命有长短，命运有沉升……所幸我的生命能化成匍匐在华夏大地上的一根铁轨……"这一年、这一月的 24 日下午 3 时 30 分，积劳成疾的詹天佑在汉口不幸逝世，立即唤起了无数仁人志士的怀念，这位爱国工程师的"各出所学，各尽所知，使国家富强不受外侮，足以自立于地球之上"的名言也随之传遍了华夏大地！

乔伊·亚当森与《小狮子爱尔莎》

　　《小狮子爱尔莎》是一篇精读课文，记叙了"我"精心驯养失去母亲的小狮子爱尔莎，和它一起生活了三年，又把它送回大自然的事，表达了"我"和爱尔莎之间的深厚感情，体现了"我"对爱尔莎的真心爱护。教材选这篇课文最主要的目的，是为了教育学生增强保护野生动物的意识。那么，这篇文章的作者是谁，为什么写出这样的文章，是真人真事吗？

　　这篇文章节选自《野生的爱尔莎》，作者是奥地利的女作家乔伊·亚当森。她于1911年出生在奥地利的维也纳，父亲是个颇有名望的建筑工程师。小时候，她最快乐的时光就是呆在父亲的庄园里。通过对野鹿、狐狸等动物的驯化，她对动物产生了特殊的感情，并与动物结下了一生不解之缘。

1937 年，26 岁的乔伊·亚当森开始了她人生具有转折点意义的东非肯尼亚旅行。在那辽阔无边的热带原始森林里，时常会有各种珍禽异兽出没，这一下子吸引了这位风华正茂的女性。凭着女性的细腻的情感和天生的母爱，她爱上了这里，便决定留在肯尼亚，这一留就是 43 年。

乔伊·亚当森的传奇人生离不开她的丈夫。1944 年的夏天，在一个组织庞大的游猎远征队里，乔伊·亚当森与狞猎督察官乔治·亚当森结识。茫茫人海，两位性格、爱好、兴趣相投的青年男女一见如故，互相引为知己，并开始了志同道合的伴侣生涯。

1956 年 1 月，乔治被调到肯尼亚北部边境省任狩猎高级督察官。乔伊·亚当森自然而然地成了他的助手。在一次科考活动中，她丈夫为了保护自身安全，不得已杀死了一只处于哺乳期的雌狮，随后又在附近发现三只小狮子，他便把这三只小狮子带回营地，作为礼物送给了夫人。乔伊·亚当森喜出望外，如获至宝。从此，乔伊·亚当森开始对这几只小狮子进行抚育并驯化实验。后来，他们把其中两只大的送往荷兰动物园，留下最小的一只雌狮，取名爱尔莎，继续对它按照由野到驯，再由驯到野的模式进行科学驯化实验。后来，放归自然的爱尔莎很快适应自然界中残酷的生存竞争，并找了一头雄狮做丈夫，也生了三只小狮子。令人惊讶的是，爱尔莎并没有因放归自然而丧失人性，它把它的三只小狮子领

回到亚当森夫妇的营地，似乎想把它的孩子介绍给这对有着养育之恩的夫妻。更令人感到不可思议的是，爱尔莎把亚当森夫妇看作自己的养父养母，一直到死。在这一传奇的过程中，乔伊·亚当森一边观察、哺养，一边为它写下了厚厚的"成长日记"，全方位地记录了它的成长史。

1960年，乔伊·亚当森把小狮子爱尔莎的成长实录写成了一本书在伦敦出版，想不到立即引起了轰动，许多动物学家和好奇的读者，专程跑到肯尼亚去看望亚当森夫妇和爱尔莎。《野生的爱尔莎》让乔伊·亚当森一举成名。

1961年，由于广大读者对爱尔莎命运的关注，乔伊·亚当森又接连写了两本续集，叙述爱尔莎"出嫁"一年以后，它又带着三个小狮子回娘家来看望"外婆"，和留在外婆家抚养成长，后来又被送还大自然的过程。

后来，这个故事被搬上了银幕，这本书被翻译成30多种文字，畅销于全世界。日本出版界又把这本书作为现代最有价值的作品之一，列为动物全集的首卷。

乔伊·亚当森也是世界上建立自然保护区的先驱。她和丈夫乔治一起共同建立了野生动物援助基金会，这也是世界上第一批野生动物援助基金会之一。遗憾的是，乔伊·亚当森的死亡令人感到扑朔迷离。1980年1月3日，乔伊·亚当森的助手彼得·默森发现了她的尸体。默森错误的认为乔伊被狮子所害，但警方经过调查发现尸体上有锐器划破的痕迹，

认定这是一桩谋杀案，并以此逮捕了乔伊的前任黑人劳工保罗·纳克瓦雷·伊凯。伊凯在法庭中辩解称乔伊·亚当森性格暴躁，刚愎自用，常用枪威逼手下黑人劳工，自己是出于自卫才开枪打死了乔伊。最终，保罗·纳克瓦雷·伊凯因年龄未够18岁而逃过死刑判决，接受了在监狱服刑的惩罚。至今，我们不知道伊凯的辩解是否真实，但是对动物爱尔莎都充满爱心的乔伊·亚当森会是这样吗？对此，我们感到茫然不解……

课本里的文史秘闻

KEBENLI DE WENSHI MIWEN

"天下第一佛"和它的排水系统

　　小学课本里多次介绍了四川的乐山大佛。它坐落在峨眉山以东 31 千米的乐山市，又名凌云大佛，为弥勒佛坐像，世界著名的景观。据唐代韦皋《嘉州凌云大佛像记》和明代彭汝实《重修凌云寺记》等书记载，佛像开凿于唐玄宗开元初年 (713 年)，完成于唐德宗贞元十九年 (803 年)，历时 90 年。佛像通高 71 米，大佛头高 14.7 米，头宽 10 米，头顶上可以放置圆桌。发髻 1021 个，鼻长 5.6 米，眉长 5.6 米，眼长 3.3 米，肩宽 28 米，可做篮球场。耳高 7 米，耳朵中间可站两条大汉。手指长 8.3 米，脚背宽 8.5 米，可围坐百人以上，是世界最高的大佛，素有"佛是一座山，山是一尊佛"之称。大佛头与山齐，足踏大江，双手抚膝，体态匀称，神势肃穆，依山凿成，临江危坐。造型庄严，设计巧妙，具有

很高的艺术价值和丰富的文化内涵，是中华民族的文化瑰宝，是世界文化的宝贵遗产。

乐山大佛的发髻是用石块嵌就的。大佛顶上的头发，共有螺髻1021个。远看发髻与头部浑然一体，实则以石块逐个嵌就。单块螺髻根部裸露处，有明显的拼嵌裂隙，无沙浆粘接。螺髻表面抹灰两层，内层为石灰，厚度为5毫米左右。

乐山大佛的两只耳朵是木头做的。大佛右耳耳垂根部内侧，有一深约25厘米的窟窿，维修工人从中掏出许多破碎物，细看乃腐朽了的木泥。可见，长达7米的佛耳，不是原岩凿就，而是用木柱作结构，再抹以锤灰装饰而成。在大佛鼻孔下端也发现窟窿，内里露出三截木头，成品字形。

乐山大佛的排水系统遍布全身。这些微妙的水沟和洞穴，组成了科学的排水、隔湿和通风系统，千百年来对保护大佛，防止侵蚀性风化，起到了重要的作用。清代诗人王士祯有咏乐山大佛诗："泉从古佛髻中流"。在大佛头部18层螺髻中，第4层、9层、18层各有一条横向排水沟，分别用锤灰垒砌修饰而成，远望看不出。衣领和衣纹皱折也有排水沟，正胸有向左侧分解表水沟，与右臂后侧水沟相连。两耳背后靠山崖处，有长9.15米、宽1.26米、高3.38米的左右相通洞穴；胸部背侧两端各有一洞，互未凿通，右洞深16.5米、宽0.95米、高1.35米，左洞深8.1米、宽0.95米、高1.1米。左右互通的两洞，由于可汇山泉，内崖壁上凝结了厚约

5～10厘米的石灰质化合物，而佛身一侧崖壁仍是红砂原岩，而且比较干燥。

乐山大佛的胸部有残碑。大佛胸部有一封闭的藏脏洞，里面装的是废铁、破旧铅皮、砖头等，而封门石竟是宋代重建天宁阁的纪事残碑。唐代大佛竣工后，曾建有木阁覆盖保护，以免日晒雨淋。从大佛膝、腿、臂、胸和脚背上残存的许多柱础和桩洞，证明确实曾有过大佛阁。天宁阁的纪事残碑为什么嵌在了大佛的胸部，成了千古之谜。

大佛壮观，而建造的过程也是极为壮观的。在建造场地，上千只铁锤飞舞着，一块块巨石雷鸣般坠落。这样热火朝天的场面，一直延续了好几年。但由于工程浩大，已耗资万金，大佛工程未完成，海通大师就去世了，建造工程只得停下来。11年后，任职为剑南节度使的章仇兼琼，慨然捐资20万钱，以接济造佛经费，建造工程又得以始继续。这一耗资巨大的工程，得到了唐玄宗的支持，但由于章仇兼琼升迁而离职，工程再度停顿。直到唐德宗贞元四年（公元788年）韦皋任剑南节度使，又继续进行这一工程。公元803年，在韦皋的主持下，千万个匠师又经过15年的辛勤劳动，建佛工程终于竣工。从此，一座如从天而降，如从地而涌起的巍巍大佛，展现在人们的面前。

乐山大佛能够完好地保存至今，风吹雨打，安然无恙，重要的一条原因是从头到脚那巧妙地隐蔽着的科学的排水系

统，对佛像起了不可忽视的保护作用，它显示出我国古代工匠的高超智慧和杰出才能。

《蒙娜丽莎》追寻记

　　小学课本里有一篇文章写到了世界名画——《蒙娜丽莎》，它是意大利文艺复兴时的艺术巨匠达·芬奇的传世之作。在绘画史上，还没有哪一幅作品能像《蒙娜丽莎》那样引出那么多话题、那么多谜团，也引来了那么多发烧友；数百年来，不要说艺术家，就是政治家也对她无限倾倒啊。大名鼎鼎的戴高乐总统每当心绪烦躁时，一定会驱车前往卢浮宫欣赏她那神秘迷人的微笑；蓬皮杜总统也公开承认无法克制对她的心驰神往；世纪伟人邱吉尔晚年有幸亲抚这张名画时竟无法控制颤抖的手指；铁娘子撒切尔夫人对她也情有独钟，在无缘享有真迹的无奈中，竟然收藏了4幅赝品以饱眼福。现在，《蒙娜丽莎》是法国巴黎卢浮宫的镇馆之宝，也是卢浮宫最负盛名的艺术品。据统计，卢浮宫90%的参观者都不会错过这个"微笑"。博物馆的纪念品店每年售出的《蒙娜

丽莎》纪念品超过 33 万件，包括明信片和拼图等。

据说，达·芬奇用了 4 年时间才完成这幅传世之作，可谓呕心沥血。她是一幅不大的肖像画，长 77 公分，宽 53 公分。数百年来，蒙娜丽莎那神秘的微笑使无数艺术爱好者为之神魂颠倒，意乱情迷；她的手被画得精确、丰满，展示了性格温柔的美；她的胸部裸露着，显示了健康、华贵和青春的美；她的微笑是那么平静、安详，透露着一种古代妇女特有的矜持的美。由于她的微笑具有丰富的魅力，不少美术史家都称它是"世界上最神秘的微笑"。当年达·芬奇迁居法国，身边正是带着这幅画的。他死后，《蒙娜丽莎》就被法国王室所拥有。卢浮宫建成后，她也成了永久藏品。可是，到了 1911 年，这件价值连城的艺术瑰宝，却遇到了一次伤心的厄运，突然被盗，这一事件立即牵动了世界艺术界的神经，各路豪杰纷纷投入到这场特殊的寻宝活动中……

1911 年 8 月 21 日，法国卢浮宫闭馆清理内务。3 个清洁工模样的人从一间贮藏室走出，来到名画《蒙娜丽莎》面前，熟练地解除各种装置，取下画夹子就走。等有关单位知道信息后，这件艺术瑰宝已经失窃 72 个小时！警方说有人在半夜悄悄溜进卢浮宫，盗走了《蒙娜丽莎》。对此，卢浮宫馆长张口结舌，无法解释。

《蒙娜丽莎》被盗！一个爆炸性新闻。这时候，意大利和法国的报业刚刚兴起，有人认为艺术品失窃非常值得炒作。

意大利认为自己是蒙娜丽莎的故乡，所以反应最快、报道最积极，意大利主要日报——《星期天日报》最快在头版刊登了这幅画。第二天，法国一家主要画报《埃克赛尔》在头版也宣布了《蒙娜丽莎》失窃过程，它的注解是："昨天下午，整个巴黎充满了令人不安的新闻，《蒙娜丽莎》将永远都不能在沙龙艺术厅向我们微笑了。"法国的媒体对失窃案连续报道了三周，几乎每天都会在头版刊登《蒙娜丽莎》的头像。《蒙娜丽莎》的被盗经媒体的炒作后，立即轰动了整个世界，成为当时的特大新闻。后来，卢浮宫当时的馆长——倒霉的迪奥菲尔·奥莫勒也在万分无奈中引咎辞职。

几乎在失窃的第一时间，寻找《蒙娜丽莎》的大幕也迅速拉开。当时，法国的一些星象家、手相家或有"超能力"的人，善于谈神论鬼的人都纷纷响应，参加了寻宝行列，甚至巫婆、神妪或算纸牌的人，也都踊跃地到处搜寻，希望成为寻宝的第一功臣。著名的《晨报》还悬赏5000法郎，奖给任何以"幽冥方法"协助警方寻宝有功的人。

警方面对社会和舆论的强大压力，投入许多精兵强将，连续作战，封锁了重要的交通要道，防止名画流失到国外，或者流落民间被仿造。可是，所有的努力都没有收到明显成效，直到1912年春季，这张名贵的画还是无影无踪。

可是，人们在追踪过程中，不断地看到许多《蒙娜丽莎》的赝品。不久，至少6名美国人均以30万美元的代价各自买

到一幅《蒙娜丽莎》，他们都确信自己买的那幅是真品。这使追找名画的工作更加纷繁迷乱。据说，全世界形形色色的《蒙娜丽莎》有 200 多幅。其中有几幅真可以称得上是佳作，可以达到以假乱真的效果。

在这幅名画失踪大约 2 年后的一天，警方终于调查清楚事情的真相。原来，盗走卢浮宫《蒙娜丽莎》的是以修补古画为业的肖德隆和专卖赝品的伐尔菲诺。他们买通了曾为《蒙娜丽莎》做陈列柜的意大利玻璃匠裴路加，并在裴路加参与下盗走这幅名画。他们卖了好几幅假《蒙娜丽莎》。1913 年 11 月，当裴路加企图把卢浮宫的《蒙娜丽莎》卖给佛罗伦萨一位画商时被捕。据裴路加交待，他自己在安装玻璃时就开始对这幅画想入非非，希望依靠它发一笔大财，改变自己穷困的命运。

1913 年 12 月 31 日，这幅珍贵的达·芬奇名画运到了法国，举国欢腾。经有关专家多方鉴定，认定找回的就是原来的那幅真迹。1914 年 1 月 4 日，在隆重的仪式中，《蒙娜丽莎》重新悬挂在一个特制的凹处，被嵌在双层防弹玻璃罩内，温度和湿度均有调节。虽然卢浮宫内的设备布置与过去相比，没有太多变化，但是《蒙娜丽莎》失窃复得后受到了特别待遇，在它两旁还有警卫呢。这幅艺术瑰宝价值由此可见一斑。

没有回家的"国宝"

　　《圆明园的毁灭》这篇课文用深情的笔墨，艺术地再现了圆明园昔日的辉煌以及惨遭侵略者肆意践踏而毁灭的景象，抒发了作者对灿烂的中华文化的热爱之情，控诉了侵略者的滔天罪恶，读后令人悲愤无比，让我们再次想起电影《火烧圆明园》的那段解说词：有一把火曾把耻辱烙在每一个中国人的脸上，同时在每一个中国人的心里烙上了深深的仇恨……一个多世纪过去了，圆明园里被抢窃的国宝至今还有许多没有回家，让我们难忘那逝去的痛苦的一幕：

　　1857年12月，英法侵略者悍然发动了对中国的第二次鸦片战争。经过近3年的作战，英法联军于1860年10月攻到了北京城下。这伙穷凶极恶的战争狂徒，为了报复中国人民英勇抵抗所带来的所谓"损失"，竟然声称要中国人对他们付出的"损失"给予"补偿"，并把可耻的目光盯上了充满宝藏的皇家园林——圆明园。

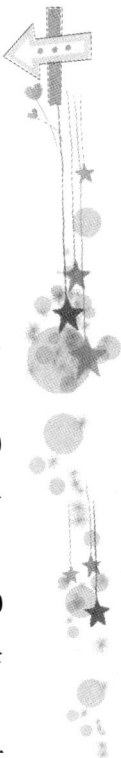

10月8日，英法侵略者闯入只有很少护园官兵的圆明园，开始了疯狂的抢劫。他们三人一伙、五人一群，在光天化日之下，穿梭于宫殿、楼阁之间，在财宝面前满眼放光，竟然不知拿什么为好，为了银子，把瓷器丢了；为了金子，又把银子丢掉；为了宝石，又把金子丢掉……每一个进入园中的官兵都满载而归，口袋里都装有2万、3万、4万，甚至100个法郎的财宝！更让人类不可饶恕的是，这伙侵略者在抢劫一番之后，竟然纵火焚烧圆明园，犯下了永世不可原谅的罪恶！

圆明园位于北京西部海淀区北部，整个园林建筑绵延20华里，面积达5000多亩，园内陈列着许多国内外的稀世珍宝，有织金织银的锦缎、毡毯、皮货，镀纯金的法国大钟，还有极为珍贵的《四库全书》、《古今图书集成》等罕见的历史典籍。法国最伟大的作家雨果曾说："即使把我国所有圣母院的全部宝物加在一起，也不能同这个规模宏大而富丽堂皇的东方博物馆媲美。"在这场浩劫中，中国的商、周时期著名的青铜器，历代的瓷器，古代的名人字画，清朝皇帝的玉玺，宫廷里的玉如意、时钟、金塔、玉磬，以及水晶、宝石、珊瑚、玛瑙、琥珀等，还有外国进贡的贡品以及无数的金银珠宝，都流落到了国外，成为中华民族永久的痛。随着战争硝烟的渐渐散去，圆明园中丢失的一些珍宝也漫漫地浮出了"水面"：

在大英博物馆里，有我国东晋时期大画家顾恺之的《女史箴图》，是我国古代卷轴画中的稀世珍品；还有一个长3尺、宽2尺的白玉马，等等，这些都是英国强盗们献给他们主子——维多利亚女王的"礼物"。更重要的是，散落在英国民间的中国圆明园珍宝无以数计，价值无量！

在法国的博物馆里，有清朝的玉玺、玉壶、瓷器、青铜器，以及水晶如意、雕金的杯盘，还有一个高约2米的巨大佛塔，等等。1973年5月12日，我国著名文物鉴定专家史树青随中国出土文物展代表团赴法国，在巴黎的一座古堡参观时发现，这里门前的两个石狮和馆内的1000多件物品都是从圆明园里抢劫所得。可见，法国侵略者把在中国圆明园所抢走的宝物一部分献给了王室，一部分被各博物馆收藏，一部分在各种拍卖会上拍卖，有的至今还流落在个人手里。

在美国的纽约大都会艺术博物馆里，还有康熙皇帝的玉如意，它是用一块名贵的白玉雕琢而成的，颜色白中透绿，手柄上还有"御制"两个大字。

……

百余年来，许许多多华夏儿女一直在努力寻找圆明园珍宝的下落，可是，更多的珍宝被藏了起来，"秘不示人"，无法窥见它的踪影，其间偶尔有点"一鳞半爪"，无不激起中国人的极大关注，点燃着中国人强烈的爱国热情。2000年，香港的嘉士德和苏富比两个拍卖行分别于4月30日和5月2日拍卖1860年被英法联军掠走的四件圆明园珍贵文物：猴首铜

像、牛首铜像、乾隆描粉彩镂雕六方套、铜虎首等。最终我
国一家企业以高价让国宝归国。但遗憾的是，圆明园还有更
多的珍宝下落不明，或葬身火海，或淹没在视野不及的角落，
或秘密地藏在强盗的口袋里。

《枫桥夜泊》的
千年"魔咒"

《枫桥夜泊》是一首情味隽永、意境深远的古诗，有声
有色，有情有景，情景交融。寒山寺也因这首诗而名扬中外。
唐代以来，每年的阳春三月，来苏州踏青寻芳的骚人墨客，
无不以到这里凭吊为幸，就是日本的文化界人士也以来这里
为荣。

早在抗战前，日本旅游者来到中国都必去寒山寺观光，
顺便买一张俞樾写的诗碑拓本回去作纪念。这是因为日本文
化深受中国古代文明影响，而张继的《枫桥夜泊》诗由于编
入了日本的教科书，在日本可谓家喻户晓，影响甚至超过了

李白和杜甫。那么，刻石的俞樾是谁？诗碑有什么样的来历？清光绪丙午年（光绪三十二年，1906年）秋，寒山寺的86岁高龄的俞樾应江苏巡抚陈夔龙的嘱托，补书了《枫桥夜泊》诗碑，这一年的12月，俞樾即去世，他题刻的诗碑成了绝笔。俞樾是清代著名学者、经学大师，37岁被罢官后，终身从事著述和讲学，长达30多年，国学大师章太炎、书画金石大师吴昌硕等都是他的学生。因此，他的诗碑的拓帖久负盛名。然而，贪婪的日本侵略者已经不满足拓帖了。

　　1937年11月19日，日寇的铁蹄踏进了苏州。也就在这时，日本裕仁天皇的弟弟、闲院宫载仁亲王特地来到寒山寺，身穿军装在《枫桥夜泊》诗碑前拍照留念。后来，裕仁天皇看了照片对诗碑爱慕不已，特意召见日军参谋次长多田骏，示意自己要一睹《枫桥夜泊》诗碑的真容。于是，裕仁下诏给上海派遣军司令松井石根，让他把《枫桥夜泊》诗碑运往日本。

　　可是，松井石根深知豪夺会惹起民愤，不如巧取为好，于是编造了一个美丽的谎言，在1939年3月16日《苏州新报》第2版刊出一条消息，大标题是《寒山寺碑运日》，副题"参加大阪东亚建设博览会"。这条新闻中说：日本朝日新闻社定期在大阪甲子园举办东亚建设博览会……举办展览会期间，除了陈列名贵出品外，还有唐代诗人张继的诗碑。日本以举办"东亚建设博览会"的名义企图掠取诗碑的野心昭然

若揭。对此，中国上下舆论一片哗然。

为了护碑，悲愤的寒山寺住持静如决定以假乱真，用复刻的碑替代，请苏州石师钱荣初仿刻了一块诗碑，而且仿碑足以乱真。不料，就在静如和钱荣初等人准备用仿碑换下真碑时，密探出现了，仿碑被截住，用专车送到了南京，放进了当时的"总统府"。诗碑再次面临生死存亡的危急关头，一天早晨，仿刻诗碑的钱荣初暴死，当地一个"千古魔咒"也迅速流传开来：谁镌刻、亵渎《枫桥夜泊》诗碑就会遭报应。

真有"魔咒"吗？老谋深算的松井石根立即查阅有关《枫桥夜泊》诗碑的记载。结果在野史里还真有关于魔咒的记载。据说，唐武宗李炎生前酷爱张继的《枫桥夜泊》诗，临终前让京城第一石匠吕天方精心刻制了一方《枫桥夜泊》诗碑，驾崩后就将此碑殉葬在地宫。武宗临终时还下了遗旨：《枫桥夜泊》诗碑只有朕可勒石赏鉴，后人不可与朕齐福，若有乱臣贼子擅刻诗碑，必遭天谴，万劫不复！野史还称，后来，有三位书写或刻制《枫桥夜泊》诗碑的人，都遭到了报应。第一位是寒山寺第一块《枫桥夜泊》诗碑的书刻者、北宋翰林院大学士郇国公王珪。刻碑后，他家中连遭变故，自己也暴亡。第二位是明朝著名书画家文徵明，刻碑不久后，文徵明身染重病含恨辞世。第三位就是俞樾，书写《枫桥夜泊》诗碑后刚三个月就溘然长逝……

松井石根阅读了这些野史的记载后，非常恐惧，担心千年魔咒带来杀身之祸，甚至殃及裕仁天皇。对诗碑垂涎欲滴的天皇接到他的电呈后，也不得不放弃了贪念。这样，《枫桥夜泊》诗碑终于得以留存在寒山寺。

野史可靠吗？"魔咒"灵验吗？经专家研究，终于揭开谜底：王珪书写、刻制《枫桥夜泊》诗碑时是北宋嘉佑年间（1056－1063 年），当时他正留居苏州，22 年后的公元 1085 年才离开人世。文徵明所写的《枫桥夜泊》诗碑残碑至今还保存在寒山寺，大约是他 50 岁前后的作品，而他一直活到 90 岁才去世。俞樾书写《枫桥夜泊》时是清末光绪三十二年（1906 年），当时已经是 86 岁高龄，三个月后去世应该是正常死亡。

至于钱荣初暴死也是假的，他一直活到了 1986 年。原来，暴毙在寒山寺外的是长相跟钱荣初酷似的钱达飞。他和钱荣初是生死兄弟，曾在日本留学，深知当时日本人非常迷信，知道静如和钱荣初"掉包计"失败后，决定以死报国，牺牲自己，设下圈套引诱松井石根"研究"千年魔咒，吓退日寇……

一首诗，一块石碑，一段血泪交织的故事，中华儿女用自己的智慧和生命为寒山寺留下了千古绝唱！

藏在字典里的秘密情报

　　小学语文课本里有多篇文章涉及红军二万五千里长征这一壮举。尽管长征的原因很多，如北上抗日等，但是真正促使红军快速转移的最直接原因是一条"四角号码情报"，而完成这一艰巨任务的是一个默默无闻的"叫花子"。

　　1934年9月下旬，蒋介石在完成第5次"围剿"的基础上制订了一个彻底"剿灭"中央红军的"铁桶计划"：集结150万大军、270架飞机和200门大炮，"分进合击"，"铁壁合围"，从中共首府瑞金的150公里外形成一个大包围圈，然后每天推进5公里，封锁红军交通，断绝红军的供给，把红军消灭在狭小的地带。

　　当时，蒋介石的"铁桶计划"在庐山牯岭召开军事会议上刚出炉，潜伏在敌人内部的莫雄（1891-1980）就获得了这一绝密情报。他虽然不是中共党员，但早在1934年就与中共领导周恩来、李克农建立了联系，并根据党的安排留在党外

工作。得到情报后，莫雄冒着杀身毁家的极大风险把它交给中共联络员、保安司令部机要秘书项与年。

项与年拿到情报后，感到情况万分火急，立即找来地下党员刘哑佛、卢志英商量，决定由项与年本人亲自负责送出情报。因为项与年会讲客家话，过关卡比较隐蔽。3 人连夜用密写药水把情报上的敌兵力部署、火力配系、进攻计划、指挥机构设置等要点逐一密写在四本学生字典上，将作战图用透明纸描摹下来，直到天色发亮才密写完毕。经过对敌情的分析，项与年选择了一条能快速安全到达苏区的路线：由南昌乘车到吉安，进入泰和，再从山区直插兴国、于都到达瑞金。

项与年把自己装扮成教书先生，昼伏夜行，在山林和荒野中艰难跋涉，几天下来，变得胡子拉碴、骨瘦如柴，到达兴国后，发现敌人封锁更加严密，各个山头路口都有岗哨，根本无法走近，稍不留神就会被当作"赤匪侦探"抓走。心急如焚的项与年急中生智，用一块大石头敲掉了 4 颗门牙，第二天双腮肿胀，面部变得狰狞吓人，头发像蒿草一样蓬乱，衣服也早已被荆棘挂得破烂不堪，完全成了一个蓬头垢面、让人厌恶的老叫花子。他还忍着疼痛将 4 本密写字典藏在满是污秽的袋子里，上面放着乞讨来的发馊食物，赤着双脚下山了。沿途敌军哨兵远远看见他这副模样儿，都捂住鼻子把他赶走……

1934 年 10 月 7 日，项与年历尽千难万险终于到达瑞金，找到了因轰炸已搬离沙洲坝的党的临时中央，把藏在字典里用秘密药水写成的情报交给了周恩来。当时，周恩来被眼前

的叫花子惊呆了，根本认不出这个曾经相熟的老部下，了解了事情的原委后，感动之情无以言表！

当时，由于第五次反"围剿"的失利，临时中央已有了大转移的准备。得到情报后，中央意识到中央红军面临极度危险，必须加快这一计划的实施，要抢在敌"铁桶"尚未合拢前跳出敌人的包围圈。中央和中央红军于 10 月 10 日开始踏上了"西征"，即后来的长征之路。

后来，毛泽东知道了项与年把秘密情报藏在字典里送到瑞金救了中央红军，称赞功绩巨大。1956 年国庆节，解放军副总参谋长李克农上将，还委托项与年把莫雄接到北京参加国庆典礼，叶剑英元帅代表党中央设宴招待这两位功臣，称赞他们为革命事业做出的重大贡献。他们的事迹还在《英雄无语》等影视作品中广为传播，感动了无数人。

《清明上河图》传奇

《清明上河图》这篇课文介绍了我国古代这幅极其珍贵的绘画作品的内容、特点及其重要价值。它是宋代卷轴人物画

最优秀的代表，是一幅堪称稀世珍神品的最具传奇色彩的作品。历经了宋、元，明、清四个朝代，《清明上河图》四次被收进皇宫，又一次次神秘地失踪。千百年来历朝历代的皇亲贵族、文人墨客，对于《清明上河图》的掠夺和收藏，从未停息过。这幅文化瑰宝，总是得而复失，失而又得，为寻找它、拥有它，人世间演绎了一个个扑朔迷离、扣人心弦的故事……仅在清代《清明上河图》就上演了一幕幕惊心动魄的闹剧。

辛亥革命后，根据"优待条例"，中国历史上最后一个皇帝溥仪被允许住在皇宫紫禁城内，国民政府每年给予四万两黄金供其消费。当时紫禁城里保留着四种不同版本的《清明上河图》。这位皇帝深知《清明上河图》是无价之宝，可是时局动荡，狼烟四起，宁愿暂时对四幅作品不辨真伪，先珍藏起来再说。

1925年农历二月初二，俗称"龙抬头"的日子，离开了皇帝宝座的溥仪，不甘心那"鸟笼"生活，在日本人的监护下，他悄悄地扮成一名商人的模样，秘密地来到天津法租界的张园。在这之前，这个对收藏有着特殊爱好的皇帝，已经以"赏赐"其弟溥杰为名，把紫禁城中的大量珍宝、字画，秘密地转移了过来。这样，《清明上河图》陪伴着溥仪在天津，堂而皇之地度过了七年多的时光。

1932年3月8日，在侵华日军的操纵下，溥仪带着家眷

和大量珍宝、字画，从天津迁往长春，就任伪满洲国皇帝。溥仪对《清明上河图》爱不释手，放在天津仍是放心不下，只好带着它来到长春。这样，《清明上河图》在冰天雪地的北国又陪伴着溥仪，度过了漫长的13年零4个月的光阴。

1945年，随着中国人民抗日战争的节节胜利，形势对他们越来越不妙。日本关东军司令官山田乙三通知溥仪立即迁都通化，其实所谓的"迁都"实质上是逃亡。溥仪要求宽限3天打理行装。其实，他最关心的是那些从北京故宫带出来的大量的珍宝、字画。13年来一直封存在长春伪皇宫后面的书画楼里，只有溥仪和少数贴身随从知道秘密。他们匆忙间，从大量的珍宝、字画当中精选了一些珍品带走，剩下的珍宝、字画只得弃之不顾，于是被一些侍卫哄抢而去。

这样，四个不同版本的《清明上河图》，哪一卷被溥仪带在了身边？哪一卷流失于民间？带在身边的，哪一卷是真的，哪一卷是假的，就连溥仪本人也一头雾水……

溥仪带着一部分珍宝、字画和家眷，匆匆逃往通化长白山脚下一个叫做大栗子沟的小山村。在大栗子沟只停留了短短的3天，之后又匆匆忙忙赶往沈阳，计划再从沈阳逃往日本。由于形势紧张，携带不便，沿途再次进行了甄选，最后只选了少量的珍宝、字画，与弟弟溥杰和两个妹夫、三个侄子、一个医生、一个随侍逃往了沈阳，大部分家眷和一些珍宝、字画留在了大栗子沟。此后，这些被遗弃在大栗子沟的

珍宝、字画，有的被瓜分，有的被烧毁，最后残存的部分被解放军收缴。

1945 年 8 月 19 日，溥仪在沈阳机场乘飞机准备逃往日本，不料起飞后被苏联红军迫降。溥仪和他的随从人员，以及随身携带的珍宝、字画都被截获。他们先被遣往苏联的赤塔，后转至伯力。直至中华人民共和国成立之后，于 1950 年，溥仪才被遣送回国。令后人感到不可思议的是，四个不同版本的《清明上河图》从此下落不明，成了一块揪人心魄的痛。但是，不论是文化界的精英，还是奇货可居的收藏家，一直都没有停止对它的寻找、搜索……

1950 年冬天，东北局文化部开始着手整理解放战争后留下的文化遗产。对从各方收缴来的大量字画进行整理鉴定工作的，是书画鉴定专家杨仁恺先生。当杨仁恺先生打开一卷残破的画卷时，顿时惊呆了：

"天啦，这么美丽的画卷！人间难得几回阅，难得几回阅！"杨仁恺先生看着这幅奇画，激动得热血沸腾、连连自语。

这幅长卷，气势恢弘，笔法细腻，人物、景物栩栩如生，虽然画上没有作者的签名和画的题目，然而历代名人的题跋丰富、详实，历代的收藏印章纷繁、杂沓。对这幅画面古色古香、不同寻常的画卷，杨仁恺先生进行了认真的研究和细致的考证，特别是画卷之后金代张著的题跋中地记载的作者

介绍，更引起他的注意，画中的题跋写道：

"翰林张择端，字正道，东武人也，幼读书，游学于京师，后习绘事，本工其'界画'，尤嗜于舟车市桥郭径，别成家数也，按向氏《评论图画记》云，《西湖争标图》，《清明上河图》，选入神品，藏者宜宝之。大定丙午清明后一日。"

在这幅《清明上河图》上，共有历代13个收藏家写的14个跋文，钤章96方，仅末代皇帝溥仪的钤章就有3枚之多。可见人们对于此画的珍爱之情。

"难道这就是被历代皇宫、贵族争相收藏的稀世神品——北宋张择端的《清明上河图》吗？"夜深人静，杨仁恺先生仔细地端详着，琢磨着，可是仍然拿不定主意……

时任国家文物局局长的著名作家、收藏家、文物鉴定专家郑振铎先生，闻讯后立即将这幅画卷调往北京，并邀请一部分专家、学者来北京"共同攻关"，破解这个谜团，以揭开这个稀世珍宝的神秘面纱。

后来，经许多专家学者的进一步考证、鉴定，终于确认这幅绘画长卷就是千百年来名闻遐迩的《清明上河图》"石渠宝笈三编本"。

从此，遗失多年的国宝终于再一次入藏北京故宫博物院。

油画《开国大典》的由来

　　我们小学课本里的《开国大典》记叙了 1949 年 10 月 1 日在首都北京举行开国大典的盛况，表达了中国人民对新中国诞生的无比自豪、喜悦和激动之情。课文交代了举行开国大典的时间、地点和参加典礼的人员和人数，然后描述了会场的布置和群众队伍的场面。那么，那幅影响深远的油画《开国大典》又是怎样创作出来的呢？

　　1952 年，中国革命博物馆决定委托中央美术学院组织完成一幅巨型油画：《开国大典》，表现中国人民从此站起来的精神风采。当时，年仅 37 岁的中央美院知名教授董希文接受了这一光荣的任务。他出生在人才荟萃的浙江，曾在敦煌临摹壁画长达三年之久，不论是素描，还是油画在同行中都有着较高的声誉，天安门上第一幅毛泽东主席的画像就出自他和美院师生之手。新中国第一次文代会上，他还画了主席台上的毛泽东主席和朱德总司令的画像。

　　为了画好《开国大典》这幅油画，董希文曾广泛征求美术界和文艺界有识之士的意见。在这幅巨画中，他创造性地把毛主席放在中间的位置，其他的领导人都靠在左边三分之一的画面里，右边是广大人民群众，他还打破常规，把毛主席右侧的那根大红柱子去掉，使画面更加明朗、开阔，展现了泱泱大国的风采。整整用了两个月时间，董希文终于完成了这幅巨画。第二年的 9 月 27 日，《人民日报》在显要位置发表了这幅作品。人民美术出版社立即把它印成了年画和各种美术图片大量发行，并收到了我们的中小学课本里作插图。从此，董希文的《开国大典》油画走进了千家万户，垂名史册。后来，毛泽东主席看了这幅油画以后也赞不绝口地说："是大国，是中国。……我们的画拿到国际上去，别人是比不了的，因为我们有独特的民族形式。"艾中信说："《开国大典》在油画艺术上的主要成就是创造了人民大众喜闻乐见的中国油画新风貌。这是一个新型的油画，成功地继承了盛唐时期装饰壁画的风采，体现了民族绘画的特色，使油画朝着民族化的方向发展。"可见，董希文这幅油画获得了巨大的成功。

　　历史的车轮滚滚向前，可是这幅油画的命运却一波三折。1954 年，高岗、饶漱石落马，上级要求董希文把《开国大典》中的高岗抹去。随后，这幅油画上多了一抹蓝天，站在最前排边上的高岗从此神秘地消失了。文革期间，革命博物馆又

要求董希文把刘少奇从画面上去掉。当时，董希文刚刚动完癌症手术，忍着病痛，想方设法把刘少奇从画面上换掉，又添上另一位领导人董必武的全身像，这样才保持了原来画面的整体性和整个画面的和谐美。文革后期，又有人提出要划掉油画中的林伯渠，因为在延安时期，他曾经反对毛泽东和江青的婚姻。但此时，画家董希文已经因病溘然长逝……经过多次修改的《开国大典》成了董希文的绝笔，虽然经历了岁月的风云变幻，可是丝毫不影响这幅油画的光彩。

开国大典背后的故事

课本里的《开国大典》洋溢着中国人民从此当家做主的喜悦，新中国诞生的自豪。可是，为了筹备好这个盛大的节日，幕后还有许多鲜为人知的故事，很值得一读。

1·国名的由来

1949年9月21日至30日，中国人民政治协商会议第一

次全体会议就国名、国旗、国歌、国徽等进行了讨论和表决。关于国名的来历还有一段小故事。当时，在新政协筹备会组织条例中，提出的都是建立"中华人民民主共和国"，可是讨论到最后一天时，清华大学的政治学教授张奚若提出，他和几位老先生都觉得这名字太长，可以就叫"中华人民共和国"，直接明了。有了"人民"，就可以不要"民主"二字，哪有人民而不民主？何况，"民主"一词 democracy 来自希腊文，原义与"人民"相同。后来，经过层层讨论和表决，终于采纳了这个提议，确定新中国的国名叫"中华人民共和国"。

关于"中华人民共和国"能否用"中华民国"作简称，经过反复讨论、征求 30 位经历了辛亥革命的前辈的意见，都认为中华人民共和国的诞生标志着新民主主义革命的胜利，而中华民国只能代表旧民主主义，二者不能混淆，因此不能用它作简称。

从此，我们伟大的祖国的全称就叫"中华人民共和国"，简称"中国"。

2·大红灯笼是谁设计的

开国大典挂在天安门两侧的 8 个大红灯笼的设计方案，其实最早是两个日本人提出来的。他们在抗日战争中的一次战役中被俘，因为是被日军强迫参军的，爱好和平，为人善良。可是，当时有人反对，认为应该找中国人，中国人也有艺术家！后来，为这事还专门请示了周总理。他批准了这个设计方案，还批评个别人是"狭隘的民族主义"。

3·开国大典为什么要定在下午3时

开国大典定在下午 3 时，是经过反复考虑的，主要是防空问题。当时，我们国家刚成立，成都、广州、重庆还有国民党的飞机停留着，国民党拥有的美制 B-24 轰炸机主要集中在舟山群岛，B-24 轰炸机时速 488 公里，能装载 4 吨炸弹，航程 3380 公里，而舟山群岛距北京的直线距离是 1230 公里，也就是说，从那里起飞的 B-24，轰炸北京之后，还能返回舟山群岛。考虑到飞机的作战半径，如果开国大典的时间早了，它轰炸以后可以返回去；选在 3 点钟，它要轰炸，天黑之前就回不去。因此，中央决定把开国大典的时间定在了下午 3 时。

4·一波三折的旗杆

当时，北京市建设局负责制造国旗的旗杆，而且中央要求国旗能自动升降，升旗时间要同国歌演奏时间相协调，国歌奏完，旗升到顶，并自动停止。建设局局长赵鹏飞任总指挥，经过周密计划思考，他对整个工程进行了具体分工，将旗杆底座汉白玉栏板等建筑设计交由建筑局建筑师钟汉雄负责，旗杆的结构设计由建设局技术负责人、天安门广场整修工程设计施工负责人林治远完成。当时，北京刚刚解放，百废待兴，找不到适合做旗杆的材料。后来，林治远在市自来水公司找到 4 根直径不同的自来水管，一节一节地套起来焊接作代用，总长度为 22.5 米，达不到规定的 35 米高的要求。后来，经中央同意就按照这个高度来制作旗杆。

9 月 30 日，技术人员做最后一次调试时，旗子升到顶端后，马达还在转，把旗子绞到杆顶的滑轮里撕破了，并卡在里面退不下来……这时，脚手架已经拆除，大家都惊慌起来。后来，建设局领导调来了组建不久的消防队。可是，消防队架起的云梯比旗杆顶还低好几米，仍没有办法把旗子从滑轮里拿出来。情急生智，有人推荐了当时在北京攀高、搭彩棚的两位高手。兄弟俩来到现场，冒着危险从云梯爬过去，攀到杆顶，终于把旗子从滑轮里取了下来。后来，技术人员又连夜进行多次试验，直到 10 月 1 日凌晨，终于有把握保证升降装置正常运行了。可是，他们还担心"万一"再出问题，又提出了一套应急方案：开会时让一人守在旗杆下，万一发生旗子升到顶自动装置不停，就立即手动切断电源使升降装置停下来；另一人守在天安门城楼安装开关电钮的三角架边上，从技术上保障升旗顺利完成。

开国大典的那天下午 3 时，伴着响彻云霄的《义勇军进

行曲》，随着毛泽东主席按动电钮，第一面中华人民共和国国旗——五星红旗在空中冉冉升起。

......

历史成了硝烟，已经散去60多年，可是回忆开国大典的一幕幕情景，仍然感到意味深长，不论是身经百战的将军，还是来自基层的普通工人，他们为新中国的开国大典不知度过多少不眠之夜，贡献了多少汗水和智慧！

斜而不倒的比萨塔

关于"塔"，我们小学语文课本里有多篇文章提及，如《神奇的塔》、《大理三塔》等，其中《两个铁球同时着地》一课里写伽利略做实验是选择在比萨斜塔进行的。那么，这座塔究竟是怎样的呢？

闻名世界的比萨斜塔坐落在意大利西部古城比萨的教堂广场上。这座塔始建于 1173 年 8 月 9 日。当第三层快要完工的时候，负责建筑的工程人员突然惊恐地发现塔歪斜了，怀疑建筑技术有问题。施工现场一片哗然。大家七嘴八舌地议

论起来。最后，人们发现这是由于地基不牢，土质松软，沉陷不均匀造成的，只好无奈地停工。这座钟塔成了名副其实的"半拉子工程"。

94年后，人们不甘心这座钟楼就这么瘫痪在教堂建筑群中成为一个无法抹去的败笔。于是，教堂的管理者再次召集有关方面的专家来"会诊"，研讨的重点是针对塔楼的现状，商定是推倒重新建设，还是继续修下去。经过一番争论，大家一致认为，应该在倾斜的状态下继续修建完工。于是，一批技术高超的工匠们夜以继日、小心翼翼地施工，唯恐出现其他意想不到的事儿。按照工程计划，这座钟塔建筑高度将达100米，可是，建到高56.7米、重1.42万吨的时候，它倾斜得实在太厉害了，总工程师不得不下令封顶。这时候，塔顶的中心点已经偏离垂直中心线2.1米。从建成的那天起，这座钟塔就注定要成为人们视线的焦点，因为它本身就是在人们猜疑、议论中建成的，许多人担心建成之日就是它毁灭之时。

然而，奇迹在人们的怀疑中诞生了，这座直径约为16米、高达8层的钟塔，虽然倾斜，却像模像样，整个外形是圆柱体，通体是用大理石砌成的，塔里建有294级螺旋状楼梯，可以一直盘旋着升到塔顶，让登塔的人一饱眼福。所以，它尽管倾斜得让人不放心，可是，登塔观光的还是大有人在，特别是外地游客，出于好奇，来了不登斜塔就会引以为憾。久而久之，比萨斜塔渐渐有了名声。

可是，岁月无情，随着时间的推移，塔在慢慢倾斜，大有倒塌的危险。有一年，工程学家们测定，塔的倾斜度已经达到 6 度，塔顶中心点偏离垂直中心线已经超过 5 米，而且还有继续倾斜的趋势。这时候，它已经成为远近闻名的景观了，意大利政府不得不下令采取措施来保护它——让它恢复几百年前的倾斜程度，做到斜而不倒！经过许多能工巧匠的努力，加上科技水平的提高，修缮后的斜塔已经基本达到了300 年前的轻微倾斜程度，并且已经不再继续倾斜了！人类再次创造了奇迹！

今天，比萨斜塔成了有着世界级知名度的古老建筑，成为举世公认的奇景奇观，被称为世界建筑史上最不可思议的奇迹。数百年来，它斜而不倒，仿佛一个侧身探视的老人，在风风雨雨中静静地守望着，成为独树一帜的风景……

三峡的"水上长城"

我们小学语文课本里有多篇文章写到三峡，如《早发白帝城》、《三峡之秋》等。那么，举世瞩目的三峡工程究竟是

怎样完成的，创造了哪些奇迹？

公元 2006 年 5 月 20 日 14 时整，举世瞩目的三峡大坝全线建成。当代中国人用勤劳和智慧，在滚滚长江上"筑"起了中华民族新的"水上长城"。三峡水利枢纽工程，号称"全球一号水电工程"，工程规模之大、技术之复杂，堪称世界之最，创立了 14 项国家科技进步奖、200 多项省部级科技进步奖、700 多项专利，建立工程质量和技术标准 100 多项，同时创造了 100 多项世界纪录。长达 2309 米、海拔高程 185 米的三峡大坝，气势恢弘，如同巨臂，紧紧锁住了奔腾不息的长江水……

早在 1919 年，民族伟人孙中山《建国方略》中提出："当以水闸堰其水，使舟得以逆流而行，而又可资其水力。"这是中国人首次提出三峡水力开发的设想。20 世纪 40 年代，美国知名水坝专家萨凡奇数次到三峡考察，他认为"长江三峡的自然条件，中国是惟一的，在世界上也不会有第二个。"但那时战火纷乱、国力羸弱，修建三峡工程，只能是纸上谈兵。新中国成立后，三峡工程纳入国家战略。1953 年 2 月，毛泽东主席在讨论长江防洪时说，费了那么大的力量修支流水库，还达不到控制洪水的目的，为什么不集中在三峡卡住它呢？1956 年 6 月，毛泽东畅游长江时写下"更立西江石壁，截断巫山云雨，高峡出平湖"的雄奇诗篇，抒发了截江驯水的壮志豪情。

1986 年至 1988 年，国务院重新组织 400 多位专家进行三峡工程论证工作，大多数专家认为，建设三峡工程技术上是经济合理、技术可行的。1992 年，是兴建三峡工程决定性意义的一年。4 月 3 日，七届全国人大五次会议通过了关于兴建三峡工程的决议。经过两年的前期准备，1994 年 12 月 14 日，这项举世瞩目的工程拉开了帷幕。经历三千零八十个日日夜夜，三峡大坝浇筑最后一仓混凝土，全线到达 185 米的设计高程，大坝开始全面挡水。桀骜不驯的长江被驯服，中国人创造了一组世界奇迹：大坝坝轴线全长 2309.47 米，水电站机组 70 万千瓦 26 台，年发电量 847 亿千瓦时，可照亮大半个中国；从生态角度看，水电作为清洁能源，它相当于每年为国家节约 5000 万吨燃煤；三峡泄洪闸最大泄洪能力 10.25 万立方米每秒，蓄水至 175 米后，三峡水库的防洪库容将达到 221.5 亿立方米，相当于 4 个荆江分洪区的可蓄洪水量，使长江防洪标准由目前的 10 年一遇提高到 100 年一遇，能有效保护长江中下游平原地区 1500 万人口和 150 万公顷耕地免受洪水威胁；三峡水库蓄水，将使昔日险滩密布的峡江航道变成高峡平湖，长江成了真正的"黄金水道"！

万里长江奔腾不息，三峡大坝巍然屹立，防洪、发电、通航，三大效益让三峡工程无比神威，使它成为载入中国和世界发展史册的世纪丰碑。

赤壁古战场之谜

《火烧赤壁》是我们小学语文课本里一篇脍炙人口的美文，赤壁作为古战场也名扬天下。

这是因为，赤壁是东汉末年曹操和孙权、刘备鏖战之地，赤壁之战也是孙权和刘备在战略上以少胜多的经典战例，奠定了三国鼎立的格局，影响深远。不仅如此，这一古战场在文人墨客的精神世界中占有非同一般的席位，从唐代李白开始，到元朝的吴师道，就有 14 位有名的作家以诗、词、曲、赋等体裁，以赤壁为题，托物咏志，发思古之幽情。可是，赤壁古战场的地理位置究竟在哪里，作家们却不甚了然。

第一种观点认为是黄冈赤壁。北宋苏东坡在黄州（今黄冈县）写下了脍炙人口的《念奴娇·赤壁怀古》，说"故垒西边，人道是，三国周郎赤壁"，对于黄冈城外的赤鼻矶，是否就是赤壁古战场，语言很暧昧。这句诗里的"人道是"，指的"人"实际上就是唐代诗人杜牧，他在《赤壁》一诗里写

道："折戟沉沙铁未销，自将磨洗认前朝。东风不予周郎便，铜雀春深锁二乔。"认为黄冈城外的赤鼻矶就是赤壁古战场。可是，赤鼻矶的地理位置既不在樊口上游，又不在大江南边，与史书的记载不相符合，并不是真正的古战场。因此，专家们认为，不是杜牧搞错了地方，就是文人借题发挥，以讹传讹，导致大文豪苏东坡也不明真相。好在我们欣赏苏东坡大气磅礴的诗词时，往往会被诗词的意境和气魄所感染，被华丽的文字所吸引，也不会深究赤壁的具体地点了，美在"难得糊涂"。

第二种观点是蒲圻赤壁。最早是《荆州记》（南朝·宋·盛弘之著）上的一段文字有印证："蒲圻县沿江一百里南岸名赤壁，周瑜、黄盖于此乘大舰上破魏兵于乌林。"到了唐代，李吉甫（758～814）也认为赤壁古战场在蒲圻。他距赤壁之战发生的年代仅五百多年，相隔时代较近，他是在《元和郡县图志》回答这个问题的。到了清代，著名地理学家杨守敬也肯定地说："赤壁当在嘉鱼县东北与江夏接界处"，并指出"《大清一统志》所定最确"（见杨守敬《水经注疏》）。这一观点也渐渐被近代不少学者所接受。

那么，究竟谁对认错？这个"谜"从古至今，争持不下，悬而未决。

现在，支持"蒲圻县西北"说的人渐渐多起来，包括最新印刷的《中华人民共和国地图》也把赤壁的位置，标在蒲圻县西北 36 公里的长江南岸境内，人们还把《念奴娇·赤壁怀古》词中所说的"故垒"，即黄州赤壁，说成是一种"文与史的误会"，称为"文赤壁"，而赤壁之战的战地湖北省蒲圻县（1998 年 6 月 11 日蒲圻县更名赤壁市）的赤壁，称为"武赤壁"。这里赤壁山的临江处，怪石嶙峋，江水汹涌，直扑断崖，声如雷鸣，断崖上刻有诸葛亮、刘备、关羽和张飞的画像石刻。"滚滚长江东逝水，浪花淘尽英雄。是非成败转头空。青山依旧在，几度夕阳红。"这几句出自明代人杨慎的《临江仙》词，写出了我们对历史沧桑变迁的感受，也为破解"赤壁之谜"写下了注脚。

屹立在狼牙山上的丰碑

小学语文教材中不论是六年制，还是五年制，包括一些地方省市编制的教材，都会把《狼牙山五壮士》入选进去，都把它视为对学生进行爱国主义教育的好课文。关于狼牙山以及五壮士有许多疑问像谜一样吸引着我们。

1941 年，侵华日军对晋察冀根据地河北易县的狼牙山地

区抗日根据地进行了连续的"扫荡"，制造了田岗、东娄山等多起惨绝人寰的惨案，妄图以凶残的"三光"政策，"蚕食"我抗日根据地。9月23日，日军分三路向易县进军，妄图包围杨成武司令员指挥的晋察冀军区一分区。24日，3500名日伪军突然包围了狼牙山地区，将邱蔚团以及易县、定兴、徐水、满城四个县的游击队以及周围人民群众共2000多人围住，形势十分严峻。这时，晋察冀军区的一团七连六班班长马保玉同志奉命率胡德林、胡福才、葛振林、宋学义等五名战士在棋盘坨险峰上阻击敌人。日寇人多势众，炮火猛烈，马保玉率领战士们临危不惧，四次击退敌人的进攻，毙敌50多人。激战五个小时后，五勇士估计大部队和群众已经安全转移，这时他们已退到了悬崖边，在弹尽粮绝的情况下，五壮士宁死不屈，毁掉枪支，义无反顾地纵身跳下数十丈深的悬崖，演绎了惊天地、泣鬼神的一幕壮举！跳崖后，马宝玉、胡德林、胡福才壮烈殉国；葛振林、宋学义被山腰树枝挂住，幸免于难，带着累累伤痕，攀扶着山间藤蔓逃下山来，被五马义村游击组长冉元同等发现而获救……1971年6月26日，宋学义在郑州病逝，享年53岁，长眠于沁阳市烈士陵园。2005年3月21日，葛振林病逝于湖南衡阳，享年88岁。至此，狼牙山五壮士中最后一位在世者也永远离开了我们。

1942年4月，晋察冀军区为纪念五壮士英勇事迹，在狼

牙山上建立了纪念塔。山后的"五马义村"改为"五勇村"。1942年5月，晋察冀军区举行了"狼牙山五壮士"命名暨反扫荡胜利祝捷大会，晋察冀军区领导机关授予3名烈士"模范荣誉战士"称号，并追认胡德林、胡福才为中国共产党党员；通令嘉奖葛振林、宋学义，并授予"勇敢顽强"奖章。后来，在日本侵略军的又一次"扫荡"中纪念塔被毁。文革前，人民政府在狼牙山的棋盘坨上又重建了纪念塔，遗憾的是，十年动乱中又惨遭破坏。历史是割不断的，为祖国、为民族的解放事业献身的英雄壮举永远被后人所怀念。1985年，国家又对被破坏的纪念塔进行重新修缮，并于1986年9月竣工。2009年9月14日，"狼牙山五壮士"被选入"100位为新中国成立作出突出贡献的英雄模范"之列。

现在，如果我们有机会登上狼牙山，一定会到屹立在山顶的五壮士纪念塔前表达自己的敬仰和缅怀之情。纪念塔由碑廊、凉亭、碑楼组成，亭中有一块棱形大理石，上面镌刻着聂荣臻、杨成武、刘澜涛、罗元发、史进前、魏巍等十二位领导同志的题辞；整座塔庄严肃穆，巍然耸立，是中空五棱柱体结构，下面镶嵌着聂荣臻元帅亲题的"狼牙山五壮士纪念塔"九个金黄色大字，高达7.5米的大旗由塔座环绕而上，旗上有象征五壮士的浮雕头像；碑基呈矩形，人们可以沿"八"字形的石梯，拾级而上，登上塔顶的小楼，极目眺望，千山万壑尽收眼底；在塔的背面约二十米处，就是万丈

悬崖，也正是五壮士跳崖的地方，那里收留了三位英雄的尸骸，也铭记着先烈们的光辉业绩！

狼牙山海拔一千多米，屹立在山顶的五壮士纪念塔呈乳白色，高耸入云。今天，它在群峰仰视中守望，依依深情地注视着脚下广袤的山河大地，默默地谛听着渐渐远去的、生死相伴的战地之歌，以塔尖为笔，在天地间一笔一画、豪情满怀地书写着一个民族顽强不屈、视死如归的史诗！

趣话奥运会

《向往奥运》这篇课文围绕"一个国家，一座城市，能够举办一次奥运会，该是一件多么了不起的事情"来抒发作者激动而自豪的感情。那么，奥运会到底是一种什么样的赛事，为什么会产生这样巨大的"魔力"？

奥运会全称奥林匹克运动会，是国际性的综合体育运动竞赛盛会。起源于古希腊的奥林匹亚竞技会。公元前 776 年（希腊纪年之始）的一天，古希腊奥林匹亚山上聚集着一群男女，在观看由一些全身赤裸的男子进行的体育竞技比赛。当

时的运动员只限希腊公民，竞技项目有：赛跑、掷铁饼、赛马、角力、标枪等。赛场上，运动员们精彩的比赛博得观众们一阵又一阵的掌声，在场的观众无一不被运动员们那健美的肌肉、宽阔的臂膀、优美的身姿所深深吸引，一个个都在享受着和平带来的激情与欢乐……

这一场景便是古代奥运会的肇端，希腊人规定，从此以后，每隔4年在奥林匹亚举行一次运动会。同年，希腊举行了第一届奥运会，多利亚人克洛斯在192.27米短跑比赛中取得冠军。他成为奥林匹克运动会荣获第一个项目的第一个桂冠的第一个人。

后来，古希腊奥运会的规模逐渐扩大，并成为显示民族精神的盛会。从公元前776年开始，到公元394年，历经1170年，共举行了293届古代奥林匹克运动会。直到公元394年被罗马皇帝禁止。从2世纪起，基督教逐渐统治了包括希腊在内的整个欧洲，它反对体育运动，奥运会渐趋衰落直到终止。

14世纪初，欧洲文艺复兴导致人们对古奥林匹克精神的赞扬。1450年，意大利早期活动家马泰奥·帕尔米里亚提出要把古奥运会的和平与友谊精神，贯注于人们的社会生活思想意识中去。在这一时期，对奥林匹亚的考察挖掘不断受到重视。1852年1月10日，库齐乌斯在柏林宣读了以"奥林匹亚"为题的考察、挖掘报告，建议把这个运动会恢复起来，

引起社会强烈反响。

1875 至 1881 年，德国库蒂乌斯等人在奥林匹克遗址发掘了大量出土文物，获得大量文物和史料，被湮埋多年的奥林匹亚村得以重见天日，引起了全世界的兴趣。现代体育运动的兴起引起人们对古奥运会的向往。为此，法国教育家皮埃尔·德·顾拜旦顺应了这一需要。他认为，恢复古希腊奥运会的传统，对促进国际体育运动的发展有着十分重大的意义。在他的倡导与积极奔走下，1894 年 6 月在巴黎举行了第一次国际体育大会。国际体育大会决定把世界性的综合体育运动会叫做奥林匹克运动会，并于 1896 年 4 月，在希腊首都雅典举行第一届现代奥运会，以后奥运会每隔 4 年举行一次，轮流在各会员国举行。

1896 年，在雅典举行的第一届现代奥林匹克运动会上，冠军获得的奖品不是金牌，而是一枚银质奖章和一个橄榄枝编成的花冠，亚军获得的是一枚铜质奖章和一顶桂冠。此奖章是由法国艺术家儒勒·夏普朗精心设计的。

第二届奥运会在巴黎举行，竞赛规程规定要颁发"特别富有艺术意义"的奖品，结果取消了奖章，而给每个奥运会参加者发了一枚长方形的纪念章，图案是勇士手执橄榄枝。

随后几届奥运会，各自的奖章图案设计各具风格，没有形成固定的样式。直到 1928 年，奥运会在荷兰的阿姆斯特丹举行，奖章由意大利佛罗伦萨艺术家朱塞佩·卡西奥里教授

设计，图案是象征友爱、和睦、团结的手抱橄榄枝的妇女塑像。这枚奖章不仅授予运动员，也授予与奥运会同时举行的艺术竞赛的优胜者。从此，各届奥运会奖章下面的图案保持不变，只把举办地名与届数相应的变更。

100 多年来，奥运会历尽艰难，它的兴衰、荣辱牵动着全世界亿万民众的神经。2008 年，第 29 届奥运会在北京的成功举办，吉祥物福娃走向世界各地，向人们传递着友谊、和平、积极进取的精神，以及人与自然和谐相处的美好愿望。

国徽是怎样诞生的

不论是识字教学，还是阅读教学，我们都通过小学语文的学习对国徽有了些了解和认识。可是，新中国的国徽是怎样诞生的？都经历了哪些曲折有趣的故事？

国徽是代表国家的徽章，是民族的象征。我们中华人民共和国国徽，中间是五星照耀下的天安门，周围是谷穗和齿轮。其中，国旗和天安门象征国家，齿轮象征工人阶级，谷穗象征农民阶级，五颗星代表中国共产党领导下的人民站起来了！谷穗、五星、天安门、齿轮为金色，圆环内的底子及垂绥为红色，金、红两种颜色在中国是象征吉祥喜庆的传统色彩。整个图案和色彩是那么和谐、端庄、美丽，是集体创作的成果，是许多专家、学者集体智慧的结晶。

1949 年 6 月，新政治协商会议筹备会在北平召开。筹备会决定，在常委会下设立 6 个小组，其中第 6 小组研究草拟国旗、国徽、国歌、纪年、首都等方案，组长为著名教育家马叙伦。7 月中下旬，《人民日报》等刊登了征集国旗、国徽、国歌方案的启事，受到热烈响应。到 8 月 20 日征稿截止，共收到国内群众和海外华侨寄来的国徽稿件 112 件、图案 900 幅，这些稿件和图案虽各具特色，但都有不足之处，所以没有被采纳。这样，在 1949 年 9 月下旬的政协全体会上，只通过了国旗方案和国歌词谱，没有公布国徽方案。后来，全国政协第一届委员会决定邀请清华大学和中央美术学院分别组织人力对国徽方案进行设计竞赛。其中，清华大学营建系国徽设计组由我国著名建筑学家、营建系主任梁思成教授担任组长，他的夫人、建筑学家林徽因，画家李宗津，建筑专家莫宗江等都是课题组成员。中央美术学院国徽设计组由著名工艺美术家、教授张仃、张光宇、周令钊、钟灵等组成。1950 年 6 月 20 日，周恩来总理亲自主持政协国徽审查小组会议，在中南海怀仁堂一间会议室里最后一次审查国徽方案。当时，田汉等评审委员赞成美院的方案，张奚若、邵力子等都认为清华的图案较好。后来，周总理看李四光一直沉默不语，就走到他的座位旁，双手扶着沙发背问："李先生，你看怎样？"李四光指着清华的图案说："我看这个图案气魄大，气势恢宏，又有鲜明的中华民族特色，对称均衡，庄严典雅，我赞成这个。"周总理听了，仔细地看了看两个方案，随后说："那么好吧，就这样定了吧！" 1950 年 9 月 20 日，中央人民政府主席毛泽东向全国颁发了公布国徽的命令。国庆一周年庆典时，天安门城楼上第一次悬挂了庄严的国徽，虽然它是木制的，但丝毫不影响它的光辉。

那么，国徽上金灿灿的谷穗，又是谁提议画进去的？早在 1942 年冬天，宋庆龄在重庆的寓所里为董必武返回延安而举行茶话会，近郊农民特意送来的两串颗粒饱满的禾穗也被放在茶桌上。这时，有人赞美这禾穗像金子一样。宋庆龄说："它比金子还宝贵。中国人口百分之八十都是农民，如果年年五谷丰登，人民便可丰衣足食了。"当时，周恩来抚摸着饱满的禾穗，意味深长地说："等到全国解放，我们要把禾穗画到国徽上。"想不到，几年后全国解放，周恩来没有忘记自己在那次茶话会上的讲话，在制定中华人民共和国国徽图案时，果真把麦谷画上去了。另外，国徽上的天安门图案又是谁提出的？它是中央美术学院的张仃教授所在的设计组提出的。张仃说，天安门是中国灿烂文化和悠久历史的象征，也是中国新民主主义运动发祥地，1919 年的五四运动就发生在这里，新中国也在这里宣布成立，因此将天安门作为国徽的主体，意义是不言而喻的。后来，中央接受了这一设计建议。

当年，中央对梁思成、张仃、林徽因、张光宇、高庄、钟灵、周令钊等8位有突出贡献的国徽设计专家还以每人八百斤小米作为奖励，但是高庄先生提出，希望把它捐献给抗美援朝，得到了大家一致的响应。

国徽已经诞生60多年，伟大的祖国昂首阔步地走过了一段不平凡的岁月，迎来了科学发展的明媚春天，因此，当我们仰望国微时一定会浮想联翩，格外思念那些为国徽诞生而呕心沥血的先贤志士！

《泊船瓜洲》的主题之谜

北宋诗人王安石《泊船瓜洲》是一首著名的抒情小诗，写诗人站在长江北岸瓜洲渡口放眼南望，看到春风吹绿了的"京口"南岸，顿生归心似箭的思家之情。可是，关于诗的主题以及诗人的思想感情，历来有不同的观点，而且关键是一个"还"字的不同解读。

第一种观点认为，《泊船瓜洲》表达了诗人深切的思乡感情。

阅读这首诗，从字面上也最容易理解为思乡诗，或者说是一首乡愁诗。"京口瓜洲一水间"，表明泊船的瓜洲离"京口"并不远，而且是"钟山只隔数重山"，暗示诗人归心似箭的心情。接着写"春风又绿江南岸，明月何时照我还？"据说，王安石写到"春风又绿江南岸"时，为一个"绿"字费尽心思，几乎呕心沥血，数次改易，从"到""过""入""满"等十多个动词中，最后才选定了"绿"字，描写了春天归来后，家乡江南绿意盎然的盛景，并用"明月何时照我还"来作为结句，字里行间无不流露出对故乡的怀念之情。"明月何时照我还"是说从此一别，明月什么时候才能照着我回到家乡？通读全诗，第一、二、三句写的是故乡江南，第四句"还"字应该是"还"自己的故乡。所以，人们称它是一首"恋乡曲"。

第二种观点认为，这首七绝即景生情，通过对春天景物的描绘，表现了诗人"还"政时复杂的思想感情。我们从时代背景、作者思想及《宋史》记载的史实来分析，这是宋熙宁八年春二月王安石再任宰相时的作品。诗人写作此诗时，已是55岁的老人了。几年来，围绕着新法旧法，朝廷上无休止地争论和攻讦，致使新法的推行十分艰难，特别是在经历

了两次因推行新法而罢相的坎坷遭遇之后，他心力交瘁，对从政产生了强烈的厌倦感。虽然，他的政治变法对北宋后期社会经济具有很深的影响，被列宁誉为是"中国十一世纪伟大的改革家"，但是诗人这次离开家乡上任时泊船瓜洲，回望月光下的江南，还是感慨万千，既有还乡归隐的念头，也有积极还政重新推行新法的矛盾思想。因为仕途险恶，吉凶难测，"何时"二字宛如诗人的一声沉重叹息，蕴含了诗人对险恶仕途的担忧，对施行新法前途的顾虑，是诗人抑郁消沉心态的真实流露！"还"字，重点落在对"还政"的忧虑之心。

我们认为，学习王安石的《泊船瓜洲》，不能简单地把它看作是一首政治抒情诗，也不能简单地认为这里一首纯粹的乡愁诗。因为作为远离家乡的游子，不论志向多么高远，都会有思乡之情，而且这次是重返政坛，对新政推行的忧虑也是顺理成章的。可见，从内容上看，是写诗人对家乡的思念之情，同时也是诗人借此诗表达对推行新法重新返政的担心之意。事实也是这样。虽然这次朝廷以"同平章事"的重任重新起用了他，但是王安石这次上任的心情是十分勉强的，而且上任以后又多次请求解除宰相职务，并终于在复出后的第二年，如愿以偿地再度罢相，重又回到家乡江宁，过起了舒心适意的隐居生活，满足了"照我还"的感情寄托。

八达岭的那些事

《长城》、《詹天佑》等课文中都写到了八达岭。如果仅仅从地理位置上来讲，没什么出奇的，是位于北京西北60公里处一个重峦叠嶂的山口，是一段蜿蜒、雄伟的长城遗迹。但是它具有的文化内涵又是非同一般的，让我们提起长城就自然而然地想起八达岭。

八达岭密布着珍贵的历史遗存。古人有"居庸之险，不在关城，而在八达岭"之说。因为八达岭山口的特殊地形，成为历代兵家必争之地，从春秋战国起，它一直是战略要地。现在这段长城是明长城中保存最好的一段，也是最具代表性的一段，是长城重要关口居庸关的前哨，海拔高达1015米，地势险要，城关坚固，是万里长城中"天下九塞之一"。这里有长城碑林、五郎像、石佛寺石像、金鱼池、岔道梁、戚继光景园、袁崇焕景园、长城碑林景园、岔道古城等著名景点，1988年被联合国列为世界人类文化遗产。

八达岭名字的来历颇有些趣味。有这么几种观点：第一种是"八大岭"的谐音。这一带山峦层叠，地势险峻，据说修建长城时要在这里转八道弯，越过八座大的山岭，而且当年修筑这段长城时死掉了八个监工，最后采取"修城八法"，即"虎带笼头羊背鞍，燕子衔泥猴搭肩，龟驮石条兔引路，喜鹊搭桥冰铺栈"，才把建筑材料运送到山上。所以人们就把这段长城称为"八大岭长城"，谐音成了"八达岭"。第二种是"巴达岭"的谐音。相传元代第四位皇帝仁宗来到这里，看到关山险峻，崇峦叠翠，易守难攻，龙颜大悦，便给这里赐名"巴达岭"，后讹传为"八达岭"。第三种是"把鞑靼"的谐音。据传明代时，八达岭一带曾一度成为防守满族军队的前沿阵地，当时的汉人把东北方的满族人称为"鞑靼"，所以有人认为八达岭是"把鞑靼"（意为把守鞑靼之岭）的谐音。第四种是"八道岭"的谐音。据传李自成率起义大军征战到这里受阻，心急如焚，这时探马来报，说前方还有八道险关。李自成听了长叹一声："这里的八道岭实在是难以越过，看来强攻是不行！"于是命令起义大军改道而去，后来这里被称为"八道岭"。

其实，以上种种传说都无从考证，但是我们从明代《长安客话》中找到的关于"八达岭"名字的来历，还是很有"科学"依据的："路从此分，四通八达，故名八达岭。"因为八达岭是居庸关的外口，北往延庆、赤城、蒙古，西去张家口、怀来、宣化、大同，东到永宁、四海，南去昌平、北京等地区，可谓是四通八达，它是古代一条重要的交通要道和防卫前哨，素有"京北第一屏障"之称，即"八达岭"是"四通八达的山岭"的简称。

八达岭是中国文化名片。这段长城驰名中外，誉满全球，也是万里长城最早对外开放的地段，至今已接待数亿游客，先后有尼克松、里根、撒切尔、戈尔巴乔夫、伊丽莎白、希思等数百位海内外政要慕名而来，它成了一张代表中国悠久历史文化的名片。

太空看长城之谜

《长城》一课向读者介绍了我国古代一项伟大工程——长城，它修建于春秋战国时代，最早是公元前657年，楚国为抵御侵略修建的防御工程。后来，秦、汉、北魏、北齐、北周、隋、明等都修过长城，我们今天看到的万里长城就是明朝在原有的基础上修筑起来的。它西起甘肃的嘉峪关，经宁夏、陕西、内蒙古、山西、河北、北京，东到河北的山海关，全长 12700 千米，称万里长城，从远处看像一条巨龙，在世界历史上是一个伟大的奇迹。现在，长城已成为我们伟大祖国的象征。那么，这样气魄宏伟的工程在太空能不能看见呢？这是一个由来已久的话题。

一种观点认为在太空能看见长城。最早是在我们小学课本上学到的"月球上看长城"，曾让几代中国人感到自豪。最近，据欧航局称，美国宇航员尤金·塞尔南曾在访问新加坡时肯定地说："我在宇宙飞船上，从天外观察我们的星球，用肉眼辨认出两个工程：一个是荷兰围海大堤，另一个就是中国的万里长城！"他指出，在高度为 160 到 320 千米的地球轨道上，的确可以用肉眼看见长城。欧洲航天局还认为，2004 年 3 月 11 日由位于距地面 600 公里的"普罗巴"卫星所拍摄到的长城是位于中国北京东北方向的一段风蚀长城。许多中国人支持这一观点，认为这是中国人的骄傲，为之津津乐道，这一话题还被收录在人民教育出版社出版的六年制小学教科书四年级第七册《语文》第 20 课，题目为《长城砖》。

但是，科学讲究事实，有一种观点指出，在太空不能看到长城。第一批登月的两名宇航员之一的奥尔林德在接受香港媒体采访时强调这是误解，是"由于人们对事实不了解所造成的"。他认为，在太空是看不到长城的。2003 年 10 月 16 日，中国首位航天员杨利伟返回地球时，有小学生问，你在

太空中看到万里长城了吗？他说："亲爱的小朋友，你的问题提得非常好，因为我所乘坐的飞船距地面高度是 300 千米左右，我所看到的地面，视线与地面夹角大于 75 度的范围只有 100 千米左右，而我们国家的陆地范围，东西、南北跨度都在 5000 千米以上。这次我在太空中停留的时间太短，飞船在这么短的时间没有经过长城上空。所以这次我没看到长城。如果下次我再有机会在太空中停留更长的时间，而且飞船经过长城上空，到那时候，我一定会仔细观察我们伟大祖国壮丽的山河。然后再将我看到的情况告诉你好吗？"从光学技术讲，肉眼在太空分辨长城是不可能的。长城的宽度只有 5 米左右，那么在地球低轨道的 200 千米高空（神舟 5 的轨道大约是 300 千米左右，200 千米差不多是最低的轨道了，再低由于大气阻力飞船很快坠落），所张的角度是 $0.005/200$ 弧度，大约是 5 个角秒左右，而人眼最小能分辨多大角度呢？根据光学课里学习的瑞利判据，如果人的瞳孔是 5 毫米，那么对波长 500 纳米左右的可见光，理论上最小可分辨角大约是 500 纳米／5 毫米弧度，大约是 20 角秒左右，比长城的视角大 4 倍左右，所以不可能分辨长城。实际上一般人眼的分辨还达不到这个理论值，一般只有一角分（60）角秒左右，长城宽度是此值的 1/12 左右。要在 38 千米之外的月球上分辨长城，当然更是不可能的。

那么，究竟谁对谁错呢？最近，由中科院光电研究院戴昌达研究员和姜小光、习晓环等共同完成的这项科研成果发表在《科技导报》上，进一步确认：在太空中肉眼无法看到长城，只有达到一定空间分辨率的卫星遥感才能获得长城影像。

蚕和丝绸之路

没有蚕，哪来丝绸之路！

学习了《春蚕》、《蚕妇》等课文以后，我们对蚕有了一些新的了解和认识。一只蚕蛾要经过卵、幼虫、蛹才能变成成虫。幼虫期的蚕宝宝为了保护自己安全地度过僵硬的蛹期，就吐丝而结成茧，把自己包起来。一个蚕大约要用1500米长的丝来结成。那么，我国古代劳动人民什么时候开始养蚕？蚕丝业和丝绸之路又有什么关系？

我们中国是世界上最早养蚕、织丝的国家。在浙江省吴兴的郊外，发现五千年前人类遗留的东西，其中有古代的丝织品，证明很早以前我国就会养蚕。传说黄帝的元妃嫘祖，教人民种桑树、养蚕、抽丝、织布，人类才圆了"衣能遮体"的梦想。在周朝（公元前1066年～前256年）蚕桑生产已专

业化，国家设立了专门的管理机构。春秋战国前后，我国已有绸、缎、绫、罗、纱等各种形式的丝织品，还能生产提花织物和彩锦。西汉时代，丝绸图案与配色已进步到能够织造花、鸟、鱼、虫等复杂的纹样，并能生产印花绸。马王堆汉墓中辛追的尸体出土时，全身就裹着20层丝绸衣服呢。宋、元时期（公元960年～1368年）的蚕丝生产和丝织业又攀上了新高，宋朝年产丝绸高达340万匹，蚕丝业与农耕业的地位几乎并驾齐驱了。14世纪，多彩的织锦有了更大的发展，富丽堂皇的苏州"宋锦"、南京"云锦"、四川"蜀锦"等，在生产技术上已经相当完美。

感谢蚕，更感谢古代劳动人民杰出的智慧，把蚕吐出的丝变成了丝绸织品。丝绸，也成了古老中国的象征和骄傲。因此，古代西方称长安古都为丝城，称我国为"丝国"。它不仅满足了贵族的生活所需，还是出口"创汇"的财富之源，更是传播中华文化的载体。据研究，公元11世纪时，蚕种和养蚕技术已传入朝鲜，公元前2世纪传入日本，公元6世纪传入土耳其、埃及、阿拉伯及地中海沿岸国家。桑蚕饲养技术是公元6世纪传入欧洲的，所以有学者说，蚕丝吐出了东方的古代文明。丝绸也成了广受欢迎的商品，它和桑蚕饲养技术通过丝绸之路向西传播，路经草原、沙漠、绿洲和山川，沿途兴起了武威、张掖、酒泉、敦煌、龟兹（今库车）、疏勒（今属喀什）等一批著名的市镇。这是陆地上的丝绸之路。在南方另有一条丝绸之路，经成都、保山等地到达缅甸与印度；

在东部沿海还有一条水路，主要是由广东、广西、蓬莱（山东）、宁波（浙江）等港口通往太平洋诸岛屿和地区。古老的丝绸文明是中华民族的瑰宝，也是中国对世界的重大贡献。历史上我国政府多次以文绣锦帛作为高级礼品，礼赠友邦，丝绸也成了中国联系世界友谊的纽带和友好的使者。在古罗马时代的欧洲，它竟然贵如黄金。为了得到它，古罗马人不惜挥刀动枪，血腥厮杀 20 多年；为了窃取它，传教士、僧人等不远千里，忍辱负重……应该说，在 15 世纪地理大发现之前，古代丝绸之路连接的两端就是中国和罗马。

目前，亚洲、非洲、欧洲、拉丁美洲、大洋洲的多个国家与地区都在饲养家蚕，但是我国的产茧量和产丝量仍然占全世界的首位。蚕吐出的丝有珍珠之光，丝织品有"纤维女皇"之称，其质地是化学纤维望尘莫及的。因此，直到今天，蚕和蚕丝仍是人类的珍爱之一。

课本里的科技之光

KEBENLI DE KEJI ZHIGUANG

一只苹果骗你没商量

生活在海边的朋友都知道，风车可以带动其他机器，用来发电、提水、磨面、榨油等。课文《做风车的故事》讲了大科学家牛顿小时候做风车受辱的故事。牛顿知耻后勇，发愤图强，后来成为世界上最伟大的科学家之一，在许多学科有自己的独特建树，解释了潮汐现象，预言地球不是正球体等等，影响最大、贡献最大的当然还是万有引力定律。

有趣的是，说到牛顿的万有引力定律，大家都认为那是牛顿从一只苹果落地中发现的伟大定律，而且有的教科书也这么说。其实，这只不过是法国的启蒙思想家伏尔泰为宣传自然科学而编撰的神奇故事罢了：一只苹果骗你没商量！

牛顿的童年是凄苦的。他3岁的时候，父亲就去世了，母亲改嫁到邻村，留下了他与祖母一起生活。郁郁寡欢的牛顿，在林肯郡伍尔索普庄园时，常常独自坐在他家后面的果园里，对他的继父恨恨不已。1635年，牛顿10岁的时候，他的母亲回来了。她指望牛顿能够为家里挣点钱，可是，小牛顿只想念书。母亲只好把他送去上学了。1665年，牛顿刚刚获得学位，一场可怕的鼠疫在伦敦无情地流行起来，他所就读的剑桥大学为了防止学生受到传染，暂时放假让学生回家休息。

那时，他的故乡林肯郡的孩子们正沉醉在投石器的游戏中：孩子们常常把一块小一点的石头放在稍大的石器中，然后用力打起转转来，之后，再把石头抛得远远的，看谁的石器转的圈子多又抛得远，而石器中的小石子并不抛出来……有时，他们还会把一桶牛奶用力从头上转过，而牛奶一点也不会洒落，那精彩的表演就像一位杂技大师在表演他的"拿手好戏"呢！

"是什么力量使石器里面的石头、水桶中的牛奶不飞出来呢？"爱思考的牛顿立即从孩子们的游戏中想到了引力问题。

他从星星想到月亮，想到了地球，想到了茫茫宇宙……

他首先推求月球与地球之间的距离，由于引用的资料有错误，他的推算失败了。后来，新测量的地球半径值公布了，牛顿立即利用这一成果进行新的研究，一方面检查自己的不足，一方面把自己发明的微积分理论运用到研究中。经过周密的计算和推测，终于得出重力与引力具有相同本质这一重要结论。同时，他把适用于地面物体运动的三条定律（即牛顿三大定律）用于行星运动也同样得出了正确的结论，从而得出了举世闻名的"万有引力定律"：万有引力，是存在于任

何物体之间的相互吸引力；两个物体间的万有引力，其大小
和它们的质量的乘积成正比，而和它们的距离的平方成反比。
如太阳对地球的吸引力就是万有引力。

可见，点燃牛顿万有引力研究火花的是孩子们那旋转的
石器！

现在，我们看到天上的星星掉不下来，稍有物理学常识
的人都会知道那是由于它们之间存在着一种奇特的万有引力，
可是在几百年前，这是人们想都不敢想的事情，统治人们思
想认识的宗教势力一直认为那是神的力量在起作用。

"镭的母亲"

课本里有一篇阅读短文《小海龟找到了》，表现居里夫人
不仅善于调查研究，分析判断，还善于培养孩子独立处理问
题的能力。其实，居里夫人最让后人敬仰的还是发现了镭元
素，被人们称为"镭的母亲"，她也是唯一两次获得诺贝尔奖
的女科学家。

居里夫人(1867～1934)原名玛丽亚·斯可罗多夫斯卡

娅，出生于波兰。居里夫人小时候，也像许多孩子一样，喜爱玩洋娃娃，堆积木，爱到郊外去摘野花。不过，她学习非常专心，是一般的学生所做不到的。有一次，她正在看书，周围的同学想吓唬吓唬她，把椅子叠起来放在她的身边，她竟然一点也没有察觉出来，等她看书累了，站起来休息的时候，突然间，椅子哗啦哗啦倒了下来，同学们笑得前俯后仰……

大学毕业后的 1895 年，她与法国物理学家彼埃尔·居里结婚，并在他的实验室里工作。当时，物理学家贝克勒尔发现了放射性，开拓了新的研究领域，但这种神秘射线的来源对科学家们来说，还是一个找不出答案的难题。居里夫妇正是从解决这个难题入手，开始了他们共同的生活和战斗。

有一次，居里夫人在检查沥青铀矿时发现，这种矿物具有很强的放射性。她想，这又是什么原因造成的？会不会里面还有什么新物质？她的丈夫彼埃尔·居里也是位造诣很深的科学家，认为这是一件大事情，有可能会有重大的发现，便放下了自己的课题，参与了夫人的研究。同时，居里夫人向法国科学院提交了一篇科学报告："有几种铀矿……比纯铀放射性强得多，这些矿物中可能含有一种比铀放射性强得多的新元素……"

后来，经过多次实践，居里夫人发现了钋元素，它的化学性质与铋相同，放射性比铀大 400 倍。1898 年年底，钋元素发现后，居里夫妇继续研究放射物质，他们又从含钡部分确认了另外一种新的元素，它是迄今为止他们所发现的放射性最强的未知元素。它的放射性比纯铀盐强900多倍，在黑暗处能自动放出些亮光。他们把它命名为"镭"，在拉丁文里为"放射"的意思。

发现了镭元素后，居里夫妇用奥地利政府赠送的一吨沥青铀矿残渣来提炼镭。沥青铀矿中镭含量极其稀少，上千斤的沥青铀矿石，需要经过混和、溶解、加热、过滤、蒸馏、结晶等一系列的工作，才可能分离出一克的极小份数和镭盐。就这样，居里夫人要一锅一锅地煮沸，并不停地搅拌，再让其一点点地结晶。

时间一天天地过去了，居里夫人和她的丈夫在热气腾腾的小屋里一锅锅地煮着沥青渣，整天累得腰酸腿疼。朋友们打趣地说她是"在沥青渣里淘金"。是啊，如果能从沥青渣里提取纯镭，测定镭原子的原子量，就可以用事实向科学界证明镭的存在！因此，他们夜以继日地努力工作着。

130多天以后，1902年，居里夫妇通过艰苦繁重的劳动，他们从数吨沥青矿渣中提炼出了0.1克纯净的氯化镭，在光谱分析中，它清楚地显示出镭的特有的谱线，与已知的任何元素的谱线都不相同。居里夫人还第一次测出它的原子量是225，其放射性比铀强200多万倍，这一科学的举措证实了镭元素的存在。

这一年，历史不会忘记，是1902年；这天晚上，历史也不会忘记，居里夫人的小屋里虽然没有点灯，可玻璃容器中那粒镭盐却闪出了蓝色的光，像天幕上晶亮的星星……

她因此被人们亲切地称为"镭的母亲"。之后，居里夫妇双双获得了诺贝尔物理学奖，而且居里夫人曾两次获得诺贝尔奖金，成为世界上唯一两次获得诺贝尔奖金的女性，为世代所景仰。

居里夫妇证实了镭元素的存在，使全世界都关注起放射性现象，掀起了一股放射物质的研究和应用的热潮。镭的奇迹般的发现，揭开了原子核物理的第一页。

望远镜的来历

《望远镜——天文学家的眼睛》一课向我们介绍了望远镜、显微镜和潜望镜等仪器。其中，望远镜是一种观察远距离物体的光学仪器，而天文望远镜是专门用来观察天体的。那么，望远镜是谁发明的？第一个用望远镜来观察天体的又是谁？

最早发明望远镜的是 300 年前的荷兰人汉斯·李波赛尔。他住在米德尔堡的小镇上，开一家小小的眼镜店。一个偶然

的机会，他的三个孩子在阳台玩玻璃镜片，其中两块叠起来能看清远处的教堂塔尖。这让汉斯·李波尔赛兴奋不已。后来，他打磨出一种中间厚，两边薄的圆形镜片，用这种镜片看文字能把字体放大。爱动脑筋的汉斯·李波尔赛又做成另一种镜片——中间薄，两边厚，戴上这种眼镜看文字，字体又缩小了。最后，他灵机一动，找来一根竹筒，把两种不同的眼镜片分别装在竹筒的两端，嘿，奇迹出现了，远处的景物拉近了许多，清晰得就像放在鼻尖前一样。这就是人类第一架最简易的望远镜，成了汉斯·李波尔赛三个孩子最快乐的玩具。

1608 年 6 月的一天，伽利略按照汉斯·李波尔赛的做法，用一段空管子，一头装凸面镜，一头装凹面镜，做成了一个很小的望远镜。在威尼斯的圣马克广场的钟楼上，他请来了议长和一些议员，让他们依次登上钟楼，用他的望远镜观看大海，不仅看到了用肉眼无法看见的轮船，还看到了体积更小、速度更快的海鸥……

这次成功，给伽利略极大的鼓舞。从此，他全身心地投入到望远镜的研制中，并借助望远镜来研究天文现象。于是，他制作望远镜的倍数不断提高，5 倍，8 倍，12 倍，16 倍，20 倍……直至做成了可以放大 32 倍的望远镜。

伽利略用望远镜发现了天体的许多奥秘："月亮并不是皎洁光滑的，上面有高山、深谷，还有曲曲折折的火山裂痕……而且自身不发光，像地球一样。"伽利略拿着望远镜的

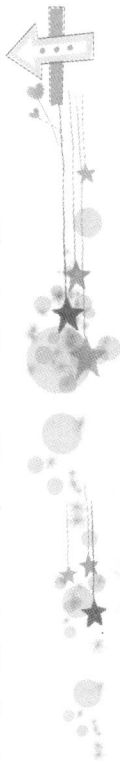

手激动得颤抖。他的这一发现，与当时所有天文学家认为月亮是一个发光体的观点正好相反。后来，伽利略还发现，银河里有许多小星星，太阳里面还有黑点，太阳本身在自转。伽利略沉浸在望远镜带来的喜悦中，沉醉在探索宇宙奥秘的兴奋中……

经过多年的认真观察，借助天文望远镜，伽利略还发现了木星有四个较大的卫星，许多恒星都像太阳那样巨大，而且都在运动中，从而有力地证明哥白尼学说的正确性、科学性。

受伽利略望远镜的影响，"后来者居上"的牛顿发明了反射望远镜，埃德温·哈勃发明了口径达 2.4 米的大型反光望远镜，后人还相继发明太空望远镜和射电望远镜等各种各样先进的望远镜，有力地推动了天文学的发展，加快了探索太空的步伐。

风筝的秘闻

不论是《村居》中"儿童散学归来早，忙趁东风放纸鸢"，还是《放风筝》一课，都让我们对风筝留下了难以忘怀

的印象。放风筝，自古就是一种时尚，深受人们的欢迎。风筝的许多秘闻至今是人们茶余饭后津津乐道的谈资。

风筝与民俗。《韩非子》和《墨子》都是距今2000多年前的战国时期的著作，木鸟正是风筝的雏形。汉朝时，出现了用竹制框架、以纸糊之、以绳牵之、放之空中的"纸鸢"。到了五代时期，亳州刺使李邺在风筝上拴上竹笛，这样风筝放飞后，在微风的吹动下，竹笛会发出悦耳的"嗡嗡"声，很像乐器"古筝"发出的声音，因而有了"风筝"这个名字。宋代时，放风筝迅速流行开来，上自宫廷下至民间都热衷于放风筝。北宋皇帝宋徽宗，就常常在处理完朝政之后去放风筝，以此作为娱乐。明清时期，放风筝已经是民众喜爱的、不可缺少的一项民俗活动。明代河北地区，每到清明，春回大地、风和日丽之际，男女老少都会不约而同地到原野上去踏青游春，呼吸新鲜空气，然后再放飞风筝。清代时，"上自内苑，下至士庶，在清明时节，俱立秋千架嬉戏为乐，童子郊外放纸鸢"。可见，放风筝在我国清代已经非常盛行。现在，山东潍坊民间一直流传着一种风俗——放风筝和赛风筝，潍坊的国际风筝节已经成了这座城市的名片。

风筝与健身。放风筝不但可以娱乐，还可以健身。放风筝时，为了将风筝放飞到空中，孩子们常常会拉着，舒展开双臂，在原野上欢笑奔跑。这样既锻炼了身体，又愉悦了心灵，有益健康。而且，从中医学角度上讲，孩子们在放风筝

时，常常会张口仰望空中，这样有利于将他们积聚于体内的内热排泄出来。另外，放风筝时，抬头望着高空，不仅能明目，对于年长的人来说，还可以预防和治疗颈椎病。正因为如此，在生活节奏紧张的今天，许多风筝爱好者不分春夏秋冬，时常会跑到广场或郊外的原野上放飞风筝。在放风筝的同时，放松心情，忘记疲劳，去寻找飞向蓝天的感觉……

风筝与战争。历史上有不少关于风筝被用于军事活动中的故事。公元前190年，楚汉相争，项羽的军队被刘邦的军队围困于垓下。为了瓦解项羽军队的士气，刘邦的大将韩信便想出了一个办法。他制作了许多风筝，并在风筝上敷一个竹笛，风筝一被放飞高空，便迎风作响。这时，刘邦的军队又随着微风唱起了楚歌，楚军听了楚歌后，便更加思念故土和亲人。就这样，项羽的军队，军心涣散，不战自败。这就是成语"四面楚歌"的来历。南北朝时，梁武帝被侯景围困，也曾放风筝向外求援，可惜风筝被叛军发觉射落……。明代时用风筝载炸药，依"风筝碰"的原理，引爆风筝上的引火线，从而杀伤敌人，使风筝成了杀敌的武器。第二次世界大战时，美军还用特技风筝做活动靶子来训练打靶。

风筝与科技。风筝不仅是人们喜爱的玩具，还是进行科学发明创造的助手。美国科学家富兰克林曾利用它来研究雷电，发明了避雷针；莱特兄弟则根据它升空的原理，研究制造了第一架蒸汽机发动的飞机。

破译人体的"密码"

　　学习了《她是我的朋友》一课以后，同学们无不为孤儿阮恒为抢救受了重伤的同伴毅然献出自己的鲜血的精神感动。可是，献血也不是一件简单的事情，因为血液是人体的密码，不是每个人的血都可以随便输用的。

　　人体内环流不息的血液是生命的源泉。一旦大量失血，就会引起休克，甚至死亡。如果能及时输入健康人的血液，就能挽救许多垂危病人的生命。输血如今已是常用的急救治疗方法，而让输血变得更加安全、有效，应当归功于血型的发现。

　　早在 19 世纪，人们只知道输血能救人，可是，有时输血还会引起死亡，到底是怎么一回事，却不得而知。最早发现人体血型有不同类型的是奥地利的一位名叫兰德斯坦纳的医生。他对血液的奥妙作了深入细致的研究。1900 年，兰德斯坦纳在维也纳病理研究所工作时，发现甲者的血清有时会发

生与乙者的红血球凝结的现象。这一现象并没有得到当时医学界的足够重视，但他深知，这一现象的存在，无疑是对病人生命的威胁。医生的道德操守促使兰德斯坦纳开始认真深入的研究，他首先怀疑输血人的血液与受血者身体里的血液混合产生了病理变化，从而导致了受血者的死亡。于是，他做了这样一个实验：

把 22 位同事的正常血液交叉混合，发现红细胞和血浆之间发生了反应，也就是说某些血浆能促使另一些人的红细胞发生凝集现象，但也有的不发生凝集现象。后来，他把 22 人的血液实验结果编写在一个表格中，通过仔细观察这份表格，发现表格中的血型，可按红血球与血清中的不同抗原和抗体分为许多类型，他把表格中的血型分为三种：A 型、B 型和 O 型。

"不同血型混合在一起就会出现不同的情况，可能发生凝血、溶血现象。这种现象如果发生在人体内，就会危及生命。"他为这一发现激动不已。

1902 年，他的两名学生把实验范围扩大到 155 人，发现除了 A、B、O 三种血型外，还存在着一种较为稀少的类型，即 AB 型。后来，为了避免命名的混乱，1927 年，经国际会议公认，采用兰德斯坦纳原定的字母统一对四种血型的命名，即确定血型有 A、B、O、AB 四种类型，至此，ABO 血型系统正式确立。

如今，我们都知道 O 型血可以输给任何一种血型的人；而 AB 型的人可以接受任何一种血型的人输出的血；此外，都必须在同种血型之间进行安全输血。因此，O 型血的人被称为"万能输血者"，AB 型血的人则被称为"万能受血者"。

兰德斯坦纳发现了血液的类型，为以往输血失败找到了主要根源，从而保证了输血的安全，为人类的医疗事业开创了崭新的局面，也是人类对于人体血液生理功能认识的一大飞跃。

谁把世界变成了"地球村"

《电子计算机与多媒体》这篇课文说明电脑与多媒体的关系，让我们了解了视觉、听觉等多种媒介。随着时代的发展，互联网诞生并迅速发展，成为重要的交流媒介，人们只需要轻轻的点击一下鼠标，便能够迅速将世界各地的图像、动画、语言等信息"一网打尽"，它像通向世界各地的"神经"，把世界变成了一个小小的"地球村"。

互联网的发明，像电话、电报等通讯工具一样，也是一

个逐步完善的过程。那么，人们是怎样想到把电子计算机联接起来，形成国际互联网的呢？这还得从美国地震专家研究夏威夷群岛上的火山爆发和地震谈起。

20世纪70年代初，一个研究火山活动及地震预报的专家小组被美国政府派往夏威夷群岛。这个小组有几十位专家，分布在岛上的各个观测点，除了研究资料和必备的工具外，还带上了当时最先进的电子计算机，因为在计算各种繁杂的数据时离不开它。

"能不能把我们的电脑主机联接在一起呢？"一位爱动脑筋的年轻专家提出了自己的想法，"这样有利于我们交流研究出的各种数据。"

"嗯，好办法。"负责这个课题组的领导点头同意，"如果把岛上的各个大型电脑主机联在一起，能够让每位科学家及时了解对方的研究成果和研究进度，可以实现成果共享。"

于是，这个课题小组借助无线电及电缆，使电子计算机上的信息能够迅速在各个成员之间交流。这就是现代国际互联网的雏形——局域网。

1975年，美国国防部通信局得知这个小组的"创举"后，敏锐地认识到它的潜力。

"要首先把我们国防部的信息系统联系起来，这样，下达命令、传递信息更准确、更快捷。"通信局的负责人请来了这方面的专家。

这时候，人们还想起了电报的发明，希望电子计算机能像电报那样来实现人类通讯方式的"革命"。原来，在19世纪50年代，过去从华盛顿到纽约需要一周时间传送的新闻，在电报出现后只需要1秒钟。当1865年跨大西洋的电缆建好后，外交官和商人们不必再为知道大洋对岸发生了什么事情而等上6周时间。美国国防部也想通过电子计算机来迅速完成一场在战场上的信息传递"革命"，因为在战场上时间不仅意味着胜败，更意味着生命的存亡。

1983年，美国国防部的一个局域网能够在不同操作系统的计算机间传送信息，而并不依赖于中央计算机。同时，被分为两个小网络，这就是美国国防部数据网络的雏形，实现了跨越时间、空间，充分表现文字、语言、图象等多种信息沟通要素的大组合。

1990年，军事专用的网络转向民用，实现了许多网络的大联合，不仅在美国本土，欧洲、大洋洲、亚洲等国家和地区都联接起来了，成了国际间互相联接的一张大网，即国际互联网。

1994年起，互联网在我国"安家落户"。现在，电脑和网络几乎进入到我国每一个城市现代家庭中，整个社会的数字化和信息化已经进入了一个稳步发展的阶段，网络也成了一种朝阳产业。

人类与"外星人"的交流语言

《宇宙生命之谜》这篇课文主要介绍了科学家探索地球之外是否有生命存在的艰难历程，虽然至今没有在地球之外的太空中找到生命，但科学家仍然相信那里存在着生命。自20世纪70年代起，人类开始在茫茫太空寻找智慧生命——外星人。在长达几十年的时光里，"外星人"、"天外来客"等成了大众最感兴趣，也最激动人心的话题，有关这方面的小说、电影、电视等风靡一时，其中1968年出版的瑞士作家厄里希·丰·丹尼肯的《众神之车》，在32个国家翻译成26种文字，销售额达4000万册，读者估计有5亿多。与此同时，寻找"外星人"成了太空探秘的最大热点之一。那么，人类派出了哪些使者，又是用哪些星际语言来交流的？

一是通过电波语言。这种星际交流语言产生得比较早。1960年5月，美国一些天文学家用射电望远镜观测恒星鲸鱼座 t，试图收到外星人发来的讯号。这颗星距我们 11 光年，它在许多方面都同太阳相似。如果它周围一颗行星上栖居了有一定天文技术的外星人，那他们也许正在向外发射无线电讯号以求与外部同类取得联系。这就是著名的"奥兹玛"探索计划。1974 年 11 月，美国阿雷西博天文台的大射电望远镜向武仙座星团发送了 3 分钟无线电讯号。讯号将在 24000 年后到达目的地。届时，如果某一类文明生物已有了大射电望远镜，并恰好指向地球，也许我们就能收到这种电波讯号，那就说明双方联系上了，或者说语言互通了。当然，这还是我们地球人一厢情愿的美事而已。

二是通过数学语言。早在 17 世纪初，意大利哲学家和天文学家伽利略就认为，数学语言是解读宇宙语言的钥匙。当代美国天文学家卡尔·萨根也深信，宇宙中的技术文明也许差异很大，但是数学可以作为共同的星际语言来进行沟通交流。荷兰数学家和天文学家汉斯·弗罗登塞尔还精心设计了一种以数学为基础的宇宙语，靠发射不同波长的无线电波来表示不同的意思。1999 年和 2003 年，加拿大天文学家伊万·达蒂尔和史蒂芬·杜马斯分别将载有他们自行设计的数学语言信息发送到太空。不过，对使用数学语言作为星际间交流的语言也有不同看法。印度哲学家和物理学家森达·萨勒凯就指出，外星人的数学也许与地球人的数学存在根本性差异，两者也许没有一点互通性，更谈不上交流了。

三是通过图像语言。有的科学家提出，寻找外星人，学会与外星人沟通，最好用图像语言。1972 年 3 月 2 日，美国发射了"先驱者 10 号"。它是一艘用原子能电池作为动力的小飞船，除了承担侦察木星的任务外，更重要的责任是寻找外星人。它是带着一封给外星人的特殊书信上路的。这封书信是一块长约 22.9 厘米、宽 15.2 毫米、厚 1.27 毫米的金属标记铝板，在太空旅行几亿年，甚至几十亿年也不会变形或变质。在"信"上刻画着一男一女，全身裸露，代表着人类。男人举起右手，表示向外星人致以问候，还有表示太阳、水星、金星、地球、火星、木星、土星、天王星、海王星和冥王星等标志的圆圈，不仅如此，在"信"上还画出了"先驱者 10 号"飞船的外形、运行轨道等。这封向外星人示好的"信"，构思可谓缜密、新奇、用心良苦，也曾轰动一时，令全球瞩目。

四是通过音乐语言。音乐在地球上是没有国界的共同语言。因此，有些科学家提出，音乐语言也可作为星际交流的语言。1977 年 8 ~ 9 月，美国人又先后发射了"旅行者 1 号"和"旅行者 2 号"。它们重要的任务不仅是考察太阳系的其他行星，更为特殊的使命就是像"先驱者 10 号"飞船那样，直奔银河系，寻找外星人。在这艘飞船里，科学家们精心制造了一架特殊的电唱机和一套精心挑选的唱片"地球之音"。在"地球之音"中有领导人讲话、不同的问候语言、世界名曲等照片、图像和文字。在"唱片"的外表镀上了一层不易氧化的金，又加上了一个金属保护罩，科学家们推测它在宇宙中"活"10亿年是没有问题的。

虽然科学家提出了各种各样的星际交流语言，但是都没有形成共识，这是因为人类还没有找到外星人，或者说，没有通过外星人来证实这种语言是否行之有效，所以还只能在探索和争议之中。不过，相信有外星人的科学家认为，在宇宙中仅仅恒星就有几百亿兆颗，这么多的恒星中像太阳那样具有行星系统的也多得不可计数，只要条件具备，在某些行星上诞生像人类或高于人类的智慧生命是完全有可能的，于是探索和追寻外星人的脚步永不会停止，作为交流媒介的语言也会越来越丰富。

中国第一次太空行走

《遨游太空的五星红旗》这篇课文介绍了三面曾经遨游过太空的五星红旗，课文热情地讴歌了我国科技工作者艰苦奋斗、自力更生的精神，赞颂了我国航天事业所取得的伟大成

就。那么，中国是怎样完成第一次太空行走的？

太空行走是指宇航员离开载人航天器乘员舱，只身进入太空的出舱活动。1965 年 3 月，苏联宇航员列昂诺夫由上升 2 号飞船出舱行走，实现了人类历史上的第一次太空行走。同年 6 月，美国宇航员怀特在乘双子星座 4 号飞船飞行时实现出舱行走。43 年中，全球有 300 多名宇航员相继漫步太空，他们用执着的脚步一次次地唤醒沉睡的宇宙。可是，直到 2008 年 9 月 27 日，中国才把第一行足迹，印在了无垠的太空。虽然中国的出舱活动比美国、前苏联这两个航天大国晚了四十多年，但是这一成绩的取得仍堪称惊天动地，世界各种媒体纷纷予以宣传报道：宇航员翟志刚手握五星红旗在太空行走的那一幕，成为永恒的记忆，凝固在中华民族儿女的心头……

2003 年 10 月 15 日，我国发射第一艘载人宇宙飞船，宇航员杨利伟成为浩瀚太空的第一位中国访客。

2005 年 10 月 12 日，我国第二次成功发射载人飞船，实现"多人多天"的载人航天飞行，实现了第一次天地之间的对话。

2008 年北京时间 9 月 27 日 16 时 34 分，在飞船发射升空 43 个小时后，神舟七号接到开舱指令，中国航天员开始了中国第一次舱外活动。这时，飞船正位于南大西洋的上空，距地面 343 千米。透过架设在飞船船舱外的摄像机，人们可以清晰地看到翟志刚迈入太空的历史性一步。

这一步，是对中国舱外宇航服制造水平的"真枪实弹"的考验：翟志刚的这套中国研制的航天服不仅能够防止辐射、微流星和空间碎片对航天员的伤害，还能持续 4 个小时以上提供适宜的气体成分、温湿度和压力环境。

这一步，是翟志刚代表中国与太空俱乐部第一次"热吻"：中国掌握了太空漫步的核心技术，成为俱乐部不可缺少的一员；他个人的一小步，迈开了中国人探索太空历史性的一大步。

翟志刚成为世界上第 354 个出舱行走的航天员。

16 时 41 分，翟志刚顺利出舱。他把红色的安全系绳挂钩挂在飞船舱外的出舱扶手上以后，上半身露出飞船，并向摄像机挥手致意。他右臂上，红色的"飞天"2 字清晰可见。

"神舟七号报告，我已出舱，感觉良好。""神舟七号向全国人民、向全世界人民问好！请祖国放心，我们坚决完成任务！"翟志刚在太空的祝福立即传向全球。

接着，他把两个安全系绳的挂钩全部改挂到右侧的扶手上，全身飘出了飞船——此时，飞船正处于祖国上空。随后，在轨道舱内协助出舱的 02 号航天员刘伯明露出身来，递给翟志刚一面五星红旗。这是由各大系统上百名科技人员每人一针亲手绣制的。

后来，翟志刚"游"到安装在飞船轨道舱壁的固体润滑

材料试验装置旁，取下装置，用右手交给轨道舱内等候的航天员刘伯明。在传递时，也许是太空环境不适应，翟志刚身体明显向左歪倒，但是很快在刘伯明的帮助下调整了过来。完成取回试验材料这项最主要的任务后，翟志刚的左腿与白色电脐带发生了缠绕。从大屏幕上看，翟志刚冷静地调整双腿位置，缓缓摆脱了缠绕。这一刻，太空变成了翟志刚一个人的舞台：转身、飘移、再转身、再飘移……在失重条件下，翟志刚的行走太空，好像是在天空漫舞。

5 年前的金秋，中国第一个飞上太空的航天员杨利伟在舱内看到正在旋转的蓝色的地球时，激动地说："我爱我们美丽的家。"

3 年前的又一个金秋，第二批造访太空的中国航天员费俊龙、聂海胜，面对此情此景说："每次飞临祖国上空，我们会不由自主地往下看，那里有亲人，有我们的根。"

现在，翟志刚面对这一切时，已没有飞船船舱的阻隔，只需张开臂膀，祖国就在眼前，仿佛可以被拥进怀中……

17 时 00 分 35 秒，完成各项任务后，在刘伯明的帮助下，翟志刚以脚先进的方式返回轨道舱，关闭轨道舱舱门，完成了舱门检漏工作。这时，太阳的余晖给地球套上了一圈炫目的光环，给神舟镀上了一层灿烂金色，更给中国在太空迈出的第一步，划上了金灿灿的句号。

翟志刚整个出舱活动持续时间 25 分 23 秒，让生命承受

了真空的一切，让五星红旗在太空飘舞，让中国科学家牵肠挂肚的实验装置安全回归，这一切都属于太空行走的 19 分 35 秒，都在 9165 千米的行程上！

中国在太空的第一步，是成千上万航天人数十年不懈的努力和共同托举的结果。这是祖国的力量，这是华夏儿女共同圆起来的飞天梦。

海水里的六个问号

《海底世界》是一篇科普知识性课文，用生动有趣的语言介绍了海底奇异的景色和丰富的物产，让我们由衷地感叹自然的神奇和伟大，也对探索大自然奥秘产生了浓厚的兴趣。于是，关于大海里的海水就有 6 个问号浮出水面。

1·海水里隐藏着什么

辽阔的海洋占有地球表面近四分之三的面积，地球总水量 96.53% 是海水。海洋因海水才有了生命的灵性。就像森

林里没有两片相同的叶子一样，海洋里也不会有相同的两滴海水，而且总是变化无穷，巨浪、微波、内波、海啸、台风，异彩纷呈，"年年岁岁总相似，岁岁年年总不同"，而且总是高深莫测，在视若无物、空空如一的海水里，竟然深藏着金、银、铜、铁、盐、碘等等人类离不开、淘不尽的宝物，并养育了万千生物，成为鱼、贝、兽等生物的乐园。据专家估计，海洋生物约有 20 多万种，其中动物约有 18 万种，植物 2.5 万种，藻类近万种，鱼类近 2 万种，甲壳类约 2 万种。

2·海水来自哪里

这是一个让人类想了几千年也没有解决的问题。遗憾的是，至今科学界还有两种不同的观点。有的认为，海水是地球自身的变化产生的，代表性的观点是英国天文学家霍伊尔的"新星云假说"，这也是我们在开篇中《生命进化的摇篮——海洋》中所提出的。它是当今世界关于海水来源之谜的主流观点。还有另一种声音认为，海洋里的水不是地球固有的，是由撞入地球的彗星带来的。最近，美国科学家还从人造卫星发回的数千张地球大气紫外线辐射照片中发现，在圆盘状的地球图像上总有一些小黑斑，每个小黑斑大约存在二三分钟，面积约有 2000 平方公里。经过仔细检测分析，他们认为这些斑点是一些由冰块组成的小彗星冲入地球大气层造成的。因此，有的学者认为，金星、火星和月球上原先也并不是没有水，可是月球和火星质量太小，没有足够的引力，使原有的水全部逃逸，而金星的表面温度太高，使原来的水又很快蒸发了。地球却与众不同，既有一定的引力，温度又不太高，适宜水的储存，最终有了江河湖泊以及汪洋大海，并诞生了五彩缤纷的生命。

3·海水里为什么会含盐

目前，关于海盐的来历，虽然有不同的观点，但是科学家们基本上达成了一致的看法（见本书《大海馈赠给人类的"珍珠"——海盐》），认为海水并不是一开始就充满盐分的，而是由于地球上的水不停地运动、循环，海洋源源不断地从陆地上得到盐类物质，海水蒸发过程中，又把盐留在海洋里，日积月累，周而复始，使海洋中的盐类越积越多。那么，海洋里的盐会不会越积越多，海水会不会越来越咸？那些海洋生物会不会咸死呢？这个问题也争论了几个世纪，虽然至今尚无定论，但是多数专家都认为，海水在某一时期内会变咸，而在另一段时间内又可能变淡，总体来说海水的咸度会保持着相对平衡的状态，不会越来越咸，也不会越来越淡，海水的生态环境会相对平衡和稳定，不必杞人忧天。

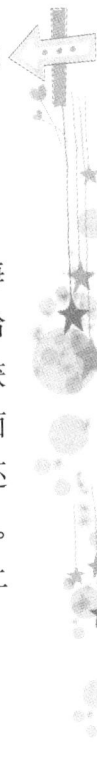

4·海里为什么会有巨浪

"无风三尺浪"，海面上总是有大的浪涛。原来，风是海面上产生浪的主要动力之一。风在运动的时候，把能量传给海面，海面得到能量以后，就产生了波浪；风越大，海面获得的能量越大，浪也越大。而当风停了的时候，也就是海面上无风时，海面在原先刮风时，获得的能量并没有用完，还在继续起作用，仍然会一波千里，后浪推前浪不停运动着。可是，没过两天，海面上又有一场大风赶来了。这样，海面上总会有海浪在起伏着，舞蹈着，好像永不疲倦，也永不止步。

5·海水会不会干枯

据测算，每年从海洋上蒸发到空中去的水量，可达到447980立方千米，这些水中有一小部分，是降临到陆地上的，而后，又从地面或经过地下流回海洋。很大的一部分，大约有411600立方千米，是在海洋的上空凝结成雨，然后又重新落回到大海里。这样，不停地循环往复，所以，海里的水是不会干涸的。

6·海水除了海啸会不会溢出

科学家认为，这是不可能的。主要有两条原因：其一，海的容量非常大。地球上的江河与海洋相比，实在是小得可怜。科学家曾经测出，大海的蓄水量占地球总水量的96.8%，而江河湖泊，加上两极冰川蓄水量，也只不过占3.2%。其二，海水在不断蒸发。自然界的水是在不断循环的，总有一部分海水在烈日曝晒下，不断地转变成水蒸气，升上天空形成云，海水在不断地减少。因此，海水是不会溢出来的。

潮汐是大自然送给人类的礼物

《观潮》这篇课文绘声绘色地描写了潮来时的壮观景象，写声音，从"闷雷滚动"到"山崩地裂"；写景象，从"一条白线"到万马奔腾，把滚滚大潮踏浪奔涌的壮观场景描绘得如置眼前。潮汐现象，是大自然赐给人类的礼物，除了作为景观，还有许多魅力令人类着迷。

1·潮汐之谜

虽然人类已经揭开了潮汐之谜，是月球的引力在发挥作

用，可是，大自然中与潮汐有关的现象还有许多不解之谜。

神农架有一条奇特的潮汐河。这条河位于红花乡境内一块山地上，在河中一段大约四五十米的河床里，河水一日三涌，早、中、晚各涨潮一次，每次持续半小时。涨潮时，水色因季节而不同，干旱的季节水色混浊，梅雨时节反而水色碧清。小河里涨潮落潮的时间十分准确，因此被人们称为"潮汐河"。如果说，大海有潮汐现象这是由于月球的引力作用的结果，那么为什么神农架这条不足百米的小河会有潮汐现象？人们苦思冥想也找不到答案。

海洋也是生物的天堂。在海滨的沙滩上，生活着一种招潮蟹，每当潮水涌来时，它躲在洞穴里休息，潮水退却时，又准时从洞穴中爬出来活动，对涨潮、落潮的时间把握得非常准确——潮汐时间每天向后推迟 50 分钟。小小招潮蟹对这个时间好像永远铭记在心，不会忘记似的，这又是为什么？小动物如何记住潮汐节点的，难道它的大脑有什么特异功能？招潮蟹对潮汐把握的准时准点让人类颇为不解！

2·潮汐提铀

大海是聚宝盆。海水里储藏着铀，而核电离不开铀。海潮具有一种威力很大的自然力，它推着海浪涌上了海滩，然后又慢慢退去。科学家通过建立储藏潮水的潮水库，并在库内安放吸附剂，潮汐就会自动定时地为吸附剂输送新的海水，我们就能够从中提取一些铀。此外，海流和海潮一样，也具有自然输送海水的能力，我们也可以在海峡中放置吸附剂，利用海流来更换海水帮助我们提取铀。沿海国家有的把核电站建在海滨，核电站用水量是很大的，这样就可以把核电站用水和海水提铀结合起来。目前，科学家把海水淡化和海水提铀结合起来，这是一种最经济有效的方法。

3·潮汐发电

潮汐是海洋水体在太阳、月亮引力的作用下所做的有规律的振荡运动。月球的引潮力可使海面升高 0.246 米，在两者的共同作用下，潮汐的最大潮差为 8.9 米，北美芬迪湾蒙克顿港最大潮差竟达 19 米。潮汐运动中蕴藏着巨大的能量，科学家一直希望把这一能量变成造福人类的动力，而不是让它在浪花的涌动中无情地消失。潮汐发电就是在海湾或有潮汐的河口建筑一座拦水堤坝，形成水库，并在坝中或坝旁放置水轮发电机组，利用潮汐涨落时海水水位的升降，使海水通过水轮机时推动水轮发电机组发电。据计算，世界海洋潮汐能蕴藏量约为 27 亿千瓦，若全部转换成电能，每年发电量大约为 1.2 万亿度。潮汐发电的成本很低，每度电的成本只有火电站的八分之一。

20 世纪初，德国和法国开始研究潮汐发电。潮汐发电的实际应用，应首推 1912 年在德国的胡苏姆兴建的一座小型潮汐电站，它开始把潮汐发电的理想变为现实。1966 年，世界上第一座具有经济价值的潮汐发电站建成，它就是建在法国西部沿海的朗斯洛潮汐电站，装机容量达 24 千瓦，年均发电量为 5.44 亿度。目前，我国沿海已建成 9 座小型潮汐电站，1980 年建成的江厦潮汐电站是我国第一座双向潮汐电站，也是目前世界上较大的一座双向潮汐电站，其总装机容量为 3200 千瓦，年发电量为 1070 万度。

揭起黄河的神秘盖头

《黄河魂》这篇课文通过描绘黄河最壮观的瀑布——壶口瀑布的壮观景色，热情颂扬了母亲河的胸怀与精神，从瀑布一往无前、无坚不摧的精神，联系到黄河的精神、中华民族的伟大精神。

黄河孕育了 5000 年中华文明，哺育了中华儿女——它是中华民族的摇篮，一代代华夏儿女是吸吮她的乳汁长大的——它是我们的母亲河，一旦揭起黄河的红盖头，你就会由衷地为黄河赞叹！

1·关于黄河的源头

公元 1280 年 11 月 4 日，元世祖忽必烈派都实带领一队人马到黄河源进行正式勘察和研究，经过几个月的跋涉，最后认定星宿海为黄河之源。清朝，康熙皇帝为了弄清黄河源头，派人作考察，越过了星宿海，找到星宿海的水还有卡日曲、玛曲、扎曲这三条河作为上源，可惜仍没有确定哪一条河是它的源头。1952 年，黄河水利委员会组织河源查勘队，在项立志、董在华等率领下，历时 4 个月，经查考历史文献，访问当地牧民，并实地测量，确认历史上所指的玛曲是黄河正源。1978 年黄河水利委员会南水北调查勘队、南京地理研究所和南京大学地理系湖泊查勘队，再次对河源地区进行调查研究。与此同时，青海省人民政府和青海省军区邀请有关单位组成考察组，进行了为期一个月的考察，提出了将卡日曲作为河源的建议。1985 年黄河水利委员会根据历史传统和各家意见，确定玛曲为黄河正源，并在约古宗列盆地西南隅的玛曲曲果，东经 95°59'24"、北纬 35°01'18" 处，树立了河源标志。

2·黄河是一道最灿烂的文化风景线

150 万年前，西候度猿人在现在的山西省黄河边的芮城县境内出现，100 万年前的兰田猿人，30 万年前的大荔猿人在黄河岸边捕鱼狩猎，默默地为黄河文明耕耘；7 万年前山西襄汾丁村早期智人，3 万年前内蒙古乌审旗大沟湾晚期智人，为古老的黄河文明播种；距今 10000 － 7000 年的细石器文化遗址、7000 － 3700 年的新石器文化遗址、3700 － 2700 年的青铜器文化遗址和出现于公元前 770 年的铁器文化遗址等几乎遍布黄河流域，从中石器时代起，黄河流域就成了我国远古文化的发展中心，燧人氏、伏羲氏、神农氏创造发明了人工取火技术、原始畜牧业和原始农业，黄河文明已经长出了幼苗；秦皇汉武，唐宗宋祖，一代天骄成吉思汗，这些帝王统领着中华民族，收获了火药、指南针、造纸、印刷术，唐诗、宋词、元曲等黄河文明中的金果子，不仅哺育了华夏儿女，也恩泽世界，促进了全人类的进步……

3·黄河是一篇大自然的佳作

它像一头脊背穹起，昂首欲跃的雄狮，从青藏高原越过青、甘两省的崇山峻岭，横跨宁夏、内蒙古的河套大地，奔腾在晋、陕之间的高山深谷之间，而后破"龙门"，又在华山

脚下调头东去，穿越华北平原，急奔一望无际的渤海。一路上，奔腾不息的黄河打造了无数奇特的奇观：

最具活力的河段。从龙羊峡至青铜峡河段，川峡相间，蕴藏着丰富的水力资源，可以规划建设落差超过 1200 米水力发电站，装机容量超过 1000 万千瓦，平均年发电量近 600 亿千瓦时。嘿，这是多大的财富！

最肥沃的河段。"天下黄河富宁夏"，在宁夏银川附近，利用黄河水进行自流引灌历史达 2000 多年，这里物产丰富，名贵中药枸杞和银川大米品质优良，有"塞北江南"之美称。黄河水给这里的工农业生产创造了极好的条件。

最壮观的河段。在陕晋峡谷，黄河在这里劈开万仞山，势如破竹，形成了著名的壶口瀑布－－黄河在这里以雷霆万钧之势，奔腾过来，咆哮而去，壶口瀑布既是黄河的象征，更是中华民族不惧艰险，勇于开拓的精神象征。

最奇特的河段。黄河在山西河津段大、小石嘴区间出现了"揭河底"现象，河底的淤积物如同地毯一样被水流卷起。当高含沙的洪峰通过时，短期内河床遭受剧烈的冲刷，将河底的成块、成片的淤积物像地毯一样卷起，然后被水流冲散带走。这样强烈的冲刷，在几小时至几十小时内能将该段河床冲深几米至十几米。因为"揭河底"现象形成条件比较特殊，"揭河底"被称为黄河百年奇观。

太阳的诞生之谜

《太阳》一课介绍了许多关于太阳的知识，分别从"远"、"大"、"热"等方面介绍了太阳的特点，以及人类和太阳的密切关系，激发了同学们对太阳来源之谜的探索热情。

太阳在银河系的一千多亿颗恒星中，是普普通通的一员。在广袤浩瀚的繁星世界里，太阳的亮度、大小和物质密度都处于中等水平。只是因为它离地球最近，所以看上去是天空中最大最亮的天体。其他恒星离我们都非常遥远，即使是最近的恒星，也比太阳远 27 万倍，看上去只是一个闪烁的光点。太阳对我们人类来说，是宇宙中最重要的天体，与人类休戚相关。这是因为万物生长靠太阳，没有太阳，地球上就不可能有姿态万千的生命，更不会孕育出作为智能生物的人类。太阳给人们以光明和温暖，带来了日夜和季节的轮回，左右着地球冷暖的变化，为地球生命提供了各种形式的能源，而且用自己的光和热无私地温暖着太阳系中的每一个成员，推动他们不停地发展和演变……那么，太阳这颗神奇的"大火球"是怎样诞生的？它为什么能日夜不停地喷射着火焰，是否有枯竭的那一天？这些与太阳诞生之谜相关的问题，在几百年的岁月中，一直牵动着人们的视线。

关于太阳的诞生，人类也有五彩缤纷的猜测和设想。有的从文学的角度，充满着浪漫的情调，像古希腊神话中，太阳神就是宙斯（万神之王）的儿子；有的从伦理学上思考，对它顶礼膜拜，像我们中华民族的先民就把自己的祖先炎帝尊为太阳神；从科学家的定位上进行缜密探索的学者，更是大有人在，也是众说纷纭。

1745年，法国博物学家布丰，提出了"灾变说"。他认为太阳系是受到巨大彗星撞击太阳物质而形成的。彗星撞击太阳物质原本是一场灾难，可是，这种意外的剧烈撞击产生意想不到的能量，生成了烈焰如火的太阳。

18世纪，德国哲学家康德、法国的数学家拉普拉斯等，提出了"星云说"。他们认为太阳系是由一个庞大的旋转着的原始星云形成的。

1916年，英国天文学家金斯，提出了"潮汐说"。他认为，太阳系是当一颗恒星接近太阳，因引潮作用从太阳上拉出了一部分物质而演化成的。这种物质在引力的作用下，有了巨大的光和热。

1944年，前苏联天文学家施密特，提出了"俘获说"。他

认为行星物质是太阳从星际云俘获而来的……

在长达一个多世纪的争论中，关于太阳起源有着太多的观点，可是到了20世纪50年代，康德、拉普拉斯的"星云说"又重新获得了一些同行专家的认同，又跃居统治地位。国内外的许多天文学家对太阳的起源不仅进行了一般理论上的定性分析，还定量地、较详细地论述了行星的形成过程，他们都认为地球和太阳系的起源是原始星云演化的结果。我国著名天文学家戴文赛认为，在50亿年之前，宇宙中有一个比太阳大几倍的大星云，这个大星云一方面在万有引力作用下逐渐收缩，另外在星云内部出现许多湍涡流，经过不断地运动、分裂、变化，形成了许多"星子"，而后不断吸积、吞并，中心部分形成了原始太阳。这就是现代星云说。

现在，科学家根据物理理论和对太阳表面各种现象的研究，建立了太阳内部结构和物理状态的模型。推测太阳的核心区域虽然很小，半径只是太阳半径的 1/4，但却是太阳那巨大能量的真正源头。太阳核心的温度极高，达 1500 万℃，压力也极大，使得由氢聚变为氦的热核反应得以发生，从而释放出极大的能量。这些能量再通过辐射层和对流层中物质的传递，才得以传送到达太阳光球的底部，并通过光球向外辐射出去。还发现遮太阳的体内大多是些普通的气体，包括氢、氦及其他元素，可按不同的高度和不同的性质分成各个圈层，即光球、色球和日冕三层。……这些"内容"，虽然能够从某些方面验证"星云说"，但是也不能完全得出令人信服的科学结论，破解太阳起源之谜还需要一定时日，也许各种各样的假说，只能给科学家提供一些参考，或者能"触发"他们探秘的灵感！

月球上的谜团

我们小学语文课本里关于月球的文章也较多，如《古朗月行》、《捞月亮》、《看月食》等，有的是诗歌，有的是童话故事，从不同的角度或层面描写了这颗神秘的星球。其实，人类自古就对月球很着迷。古今中外的诗人无不对它一往情深，如痴如醉地歌吟；渔民以它的盈亏判断潮汐的起落，驾舟出海；中国的农历就是以月亮运行周期 28 天为基础的历法，它是农民耕作时的重要参考指标。第一架天文望远镜对准观测的天体是月球，人类第一个登临的天体还是月球。可是，航天员登陆月球后，原以为关于月球之谜会迎刃而解，想不到人们除知道月球表面是一片荒凉的沙漠、无尽的太空尘埃外，那些意外的鲜为人知的发现，反而使科学家对于月

球更加陌生、迷惑，疑云重重……

1·月球的起源

　　目前人类关于月球的起源，主要有三种说法。一是"夫人说"。认为月球原先是太阳系里的一颗普通小行星，在一次偶然的机会中它行近地球时被俘获，成为地球的卫星。可是，有的科学家认为，相对于地球来说，俘获质量相对巨大的月球作卫星的可能性太小。二是"女儿说"。认为最初月球是地球赤道上隆起的部分，在太阳的引力和地球的快速自转作用下，月球飞出去，成为卫星。可是，一部分科学家认为，它不符合角动量守恒原理。三是"姐妹说"。认为月球与地球是从同一片原始星云中凝聚生成的。可是，有的科学家认为，无法解释地球上铁多硅少而月球上铁少硅多、地球上钛矿少而月球上钛矿多现象，两个星球物质构成差异太大。月球的起源问题就是研究 40 亿年前月球是怎样诞生的，无疑是一个十分困难又有魅力的课题，目前还无法彻底解决。

2·月岩比地球岩石更古老

　　1969 年，阿波罗号宇宙飞船登陆月球后，航天员在月球表面上采集了岩石标本，放置了许多的测试仪器收集数据，发现月球的岩石非常古老，有许多岩石的年代超过地球上最古老的岩石。根据统计，99% 的月岩年龄超过地球上 90% 的古老岩石，计算出的年代是 43 亿年到 46 亿年之前。根据目前科学家推测，太阳系形成时间大约在 50 亿年左右，为什么作为地球卫星的月球表面的岩石、土壤等会那么"古老"？这一事实，让科学家无法解释。

3·月球是空心的

登陆月球的航天员要出发回到地球之前，会驾驶登月小艇飞离月球表面，与返回地球的太空舱结合后，登月小艇便被抛弃至月球表面。由于小艇的撞击，设置在 72 千米外的月震仪便测得月球表面的震动，就像用锤子用力敲击大钟一样，振动持续很长时间才慢慢消失。不像敲击实心铁球，发出的声响持续时间很短暂。这说明月球是空心的。另外，科学家通过对纵波、表面波的观测也证明月球是空心的。因为实心物体受到敲击时，不仅发出穿透物体的纵波，还会产生由表面的一边经过物体中心传导到另一边的表面波，可是放置在月球上的月震仪长时间观测也没有发现纵波，记录的全是表面波。因此，科学家们有了"月球是空心的"这一震惊世界的发现。可是，为什么月球会是一个空心球，人类至今也没有弄明白。

4·月球表面的奇特物质

科学家在仔细分析月球表面成分时发现，那些石坑含有大量的地球上极稀有金属，如钛、铬、钇等。这些金属非常坚硬、耐高温、抗腐蚀。可是，月球在太空中是一颗冰冷的星球，起码 30 亿年没有火山活动，月球上怎么会产生这些金属元素呢？同时，科学家在研究月球表面岩石构成时还发现，月球上的陨石坑数量非常多，但是这些坑洞都相当的浅。科学家推算一颗直径 16 千米的小行星以每小时 5 万千米的速度撞毁在地球上，将会造成一个直径四到五倍深的大坑，也就是应该有 64 至 80 千米深。可是，在月球表面最深的加格林陨石坑，直径达到 300 千米，深度却只有 6.4 千米。根据科学家的推测，如果这颗陨石撞在地球上，至少会产生一个 1200 千米深的大坑！那么，它没有出现这么大的坑，是因为月球表面包裹着一层坚硬的金属物质，还是另有其他原因？科学家至今无法作出科学的解释。

5·月球正反两面迥然不同

月球在不停的自转，而且总是把美好的那一面对着我们，把丑陋的另一面背着我们。科学家发现，月球背对着我们的一面很粗糙，布满了大大小小的陨石坑与密密麻麻的环型山。

可是，月球面对地球的这一面是相当光滑的，所以月球能以非常高的效率反射太阳光，在夜晚使天空发亮，永远给人类一副皎洁美好的形象。那么，为什么月球正反两面会有这种巨大反差的"地质地貌"呢？如果是陨星撞击造成的，为什么偏偏撞击一面，而对另一面"高抬贵手"呢？对此，不要说一般人茫然，就是满腹学问的学者也只能无奈地摇头。

除此而外，还有月球的公转、自转为什么始终背离地球一侧？月球上为什么会有赤脚印？月球上到底有没有飞碟？有没有智慧的"月球人"？等等不解之谜像磁铁一样深深地吸引着我们的注意力，谜团一天不解开，人类的探索步伐就一天不收脚！

地球的四个有趣问号

《只有一个地球》从人类生存的角度介绍了地球的有关知识，也告诫我们当地球资源枯竭时，没有第二个星球可供人类居住，地球的生态环境需要人类的精心呵护。目前，地球是我们研究最多，也最为熟悉的星球，可是对于同学们来说，

还有几个问号令大家不解。

1·地球内部是什么样子

地球宛如一个大鸡蛋，从里到外分成三部分。如果蛋壳是地壳的话，那么蛋青就是地幔，蛋黄就是地核。最外面的地壳，是由各种坚硬的岩石组成。中间的地幔，温度有 1000 度以上，里面有灼热的岩浆。最里面是地核，地核分为两部分，外核近似于液态；内核由铁组成，温度高达 6000 度，由于地心的高温作用，本来应该是液态的，但压力却大得令人难以想象，约有 360 万个大气压，在地心的 360 万个大气压力的高压下，使地球最中心的内核，变成了非常结实的铁疙瘩。

2·地球内部的热能从哪来

火山喷发、温泉等热能，主要来源于地球的内部。从地面至地下 5 千米左右，是水的沸腾温度。50～200 千米是岩石熔化的温度。3000 千米是铁熔化的温度。6000 千米是地球的中心，温度可达 6000 度。为什么地球内部越深，温度越高呢？这些热能是从哪儿来的呢？

原来，地球内部的热能，主要来源于两个方面：一是地球内部放射性元素蜕变产生的热能，二是地球转动和其他化学反应产生的热能。大家知道，地壳是由岩石组成，是一种不良热导体，它把地球内部的热量封住。地球内部放射性元素蜕变所产生热量，比火山喷发、温泉以及地表所释放的热量的两倍还多。地热的总蕴藏量约为地球煤炭总能量的 1.7 亿倍。

3·地球悬在空中为什么不往下掉

地球和太阳之间有一种巨大的吸引力，大约是 350 亿亿吨，所以不会脱离太阳的。而且，地球正以每秒约 30 千米的旋转速度向前奔跑，由于惯性的作用，它将以这种速度一直向前飞奔。而太阳对地球的引力正好使地球不断拐弯，这样，地球就绕着太阳运行。所以，悬在空中的地球是不会往下掉的。

4·人在旋转的地球上为什么不会摔倒

我们人在地球上，根本感觉不出地球在转动，因为地球上的一切东西，包括我们人在内，都跟着地球一起转动。地球总是保持同样的速度转动，不快不慢，一天转一圈，所以我们才不会感觉到地球在运动。不论在地球上哪面的人，都是头朝上，脚朝下的，也不会从天上摔下来。因为地球中心有一种巨大的力量，这种力量能把地球上的所有东西向地球中心拉，这就是地球对物体的吸引力——重力。这种重力能把地球上的每一滴海水都吸引住，更何况一个人呢？所以人在旋转的地球上是不会摔倒的。

地球的神秘外衣

　　《只有一个地球》这篇课文为我们认识地球提供了很好的帮助和指导，可是，地球之外是什么，或者说，是什么包裹了我们这颗漂浮在太阳系中的蓝色星球？每次发射火箭、卫星等都要冲出大气层，大气层到底是什么？有多厚？由哪些物质组成？这一系列问题困扰了人类几个世纪，有的至今还没有弄清楚，或者说没有统一的认识。包裹地球的神秘大气层，曾像一个爱捉迷藏的孩子，弄得科学家无可奈何，长期不能看清它的"真面目"。

　　古希腊的亚里士多德曾推想，地球由四个层次构成，它们是土层、水层、空气（大气层）和 火（这只能在闪电时偶然见到）。这是人类对天空的最早认识，现在看来，这已经很幼稚、浅显了，因为最简单的是，"火层"也发生在空气中，属于大气层的一部分。

　　1644 年，托里彻利和维瓦尼通过实验证明大气是有重量的，因此，他认为既然有重量，那就应该有一定的厚度。他推断，大气层的厚度大约在8千米左右。这一观点，是人类对大气层最初也是最大胆的认识。想不到轻飘飘的空气会有重量，想不到笼罩地球的空气有厚度，这也促使人类继续探索大气层外边的世界，把人类探索的触角伸向了更远的天空。

1662年，波义耳又通过实验得知，气体受到压力时体积会收缩，所以在大气层的垂直方向上，海平面大气最稠密，越向上越稀薄。于是，人们恍然大悟，大气层厚度绝对不仅仅是8千米。应该再考虑气温的变化，大气层还会向上伸展，也就是说，包裹地球的大气层一定厚得多。

直到20世纪40年代，火箭技术获得了成功，人们用火箭探测大气上界的限度已超过400～500千米。后来，随着空间技术的发展，人们发现极光大约出现在800～1200千米上空。因为没有大气，也不可能发生极光现象。这样，科学家们又把1200千米这一数字作为大气层的最高上限。

随着对大气层的不断认识，美国科学家施皮策又把500～1600千米的高度称之为"外大气圈"。但是，还有一些科学家不断提出新的观点。如比利时的尼克莱发现320～1000千米范围内存在一个"氦层"，在"氦层"以外，还有一层更稀薄的"氢层"，它可能延伸到64000千米左右的高空。这样，大气层的厚度又在64000千米以上了。这一数字令探索太空奥秘的科学家们惊讶不已。

可以说，关于大气层有多厚，这的确是一个很吸引人的

问题。人类经过不懈的探索和追求，对大气层的一些认识越来越清晰了，整个大气层随高度不同表现出不同的特点。在高于海平面 50 千米以下这一层，气流主要表现为水平方向运动，对流现象减弱，这一大气层又称"同温层"。这里基本上没有水气，晴朗无云，很少发生天气变化，适于飞机航行。在 20 ~ 30 千米高处，氧分子在紫外线作用下，形成臭氧层，像一道屏障保护着地球上的生物免受太阳高能粒子的袭击。在大约距地球表面 50 ~ 85 千米区域属于中间层，这里的空气已经很稀薄，突出的特征是气随高度增加而迅速降低，空气的垂直对流强烈。中间层以上，到离地球表面 500 千米，叫做"热层"。在这两层内，经常会出现许多有趣的天文现象，如极光、流星等。人类还借助于热层，实现短波无线电通信，使远隔重洋的人们相互沟通信息，因为热层的大气受太阳辐射，温度较高，气体分子和原子大量电离，复合机率又少，形成电离层，能导电，反射无线电短波。热层顶以上是外大气层，延伸至距地球表面 1000 千米外的区域。这里的温度很高，可达数千度，大气已极其稀薄，其密度为海平面处的一亿亿分之一。

科学家指出，地球上的大气层像一块巨大无比的毛毡笼罩着我们，更是我们的保护神：它为地球提供了风、霜、雨、雪等，使地球能保持适宜的温度，防止热量散失，否则地球就会像月球一样，冷得寸草不生，冻得生物无法立足；它阻挡一些小行星对地球的进攻，使它在飞向地球的过程中自行烧毁，不然，地球就会像月球那样有好多环形山；它吸纳了对生物有致命伤害的 X 射线、紫外线等，如果没有它，也许一切生物早被辐射得灭绝了。

地球还有多少"家底"

学习了《地球万岁》、《只有一个地球》等课文以后，让我们对地球有了更深的了解。目前，人类的生活还离不开地球，虽然人类的脚步已经踏上了距离地球大约 40 万千米的月球，可是月球并不适合人类居住，还有哪些星球能够让人类安居乐业，仍是一个不解之谜。因此，进入 20 世纪以后，全人类都以热切的目光关注起地球的资源——它是人类的衣食父母。我们可以简单地盘点一下地球的"家底"，多些忧患意识，多些对地球的关爱和保护意识至关重要。

1·能源

从 1990 年开始，世界能源就出现了危机的迹象，可是，

过去人们只知道一味地索取石油、煤、天然气等能源，并没有多少人在乎地球经过 46 亿年才积累的这点财富，让人类几百年就用得差不多了。据估计，世界能源可维持的年数是：石油 46 年，天然气 65 年，煤 169 年。想一想，若干年以后，地球上采不到石油、天然气、煤，我们的汽车、火车、客货船等怎样工作？人类的饮食起居还会像今天这样安之若素吗？

2·水源

据专家推测，2050 年全球淡水消耗将突破底线。没有水就像没有空气一样，人类无法生存。有一家国际科研小组研究称，人类每年对淡水消耗的底线是 4000 立方千米，当前每年消耗 2600 立方千米，预计本世纪中叶将接近底线。目前，中国是世界人均水资源最贫乏的 13 个国家之一。

3·矿源

地球上的矿物已知有 3300 多种，并构成多样的矿产资源。人类目前使用的 95% 以上的能源、80% 以上的工业原材料和 70% 以上的农业生产资料都是来自于矿产资源。随着工业革命步伐的加快，人类对矿资源索取也越来越多，甚至盲目无序。据有关人员研究，地球上已经探明的有色金属储量如果按现在的开采速度计算，可供开采的年限分别为：铜

22 年、铝 164 年、镍 77 年、锡 28 年、银 110 年，被用作制造阻火材料的锑金属 15 年就将被用光，锌可能在 2037 年被用光，而铟和铪这两种重要的计算机芯片原料在 2017 年就可能被用完，用来制造荧光灯的绿色磷光体的金属铽在 2012 年前就会被用光……科学家发现，许多不可再生的稀有金属资源仅可以用十来年。比如铂，全世界的所有铂金属在 15 年内就可以用光。

不难想象，生活中没有金属会是一种什么样场景。因为矿产资源和石油、钻石等不同，一旦用完，无法再生，地球上将从此不再获得它们，后代子孙也许永远不知道今天我们司空见惯的铁、银、铜……等等金属是什么模样儿。

4·物源

物种之源在慢慢消耗，甚至每小时就有 1 个物种灭绝。地球上曾经存在过的至少 5000 亿个物种中，99% 以上已经消亡。据科学家不完全统计，70% 的植物，35% 的无脊椎动物，37% 的淡水鱼类，30% 的已知两栖动物，28% 的爬行动物，22% 的已知哺乳动物，12% 的已知鸟类正在遭受灭绝的威胁。这个灭亡速度，已经超过前五次物种大灭绝的速度。物种的消失，不仅威胁着人类的存在，还会引起恶性循环，一条食物链断了，另一条食物链也岌岌可危。

人类常以"万物之灵"自居，如果有一天，放眼望去，物种渐渐稀少，甚至几近灭绝，人类啊，一定会油然而生"高处不胜寒"的荒凉和悲哀！

李四光发现中国"第四纪冰川"

课本里有一篇非常吸引我们眼球的短文《奇怪的大石头》，讲述了我国地质学家李四光（1889～1971）小时候对一块大石头产生疑问，长大后发现第四纪冰川活动遗迹的故事。

1889 年，李四光出生于湖北黄冈，是我国地质学家、地质力学的创始人。他早年留学日本，在日本学习了 7 年的造船技术。1913 年赴英国学习地质，放弃了造船专业。1919 年回国后，先后任北京大学地质系教授、系主任，前中央研究院地质研究所所长。当有人问他为什么要放弃造船专业，改选地质专业时，李四光解释说："要造船，就要有钢铁；要有钢铁，就得采矿；要采矿，就要找矿，这就需要地质学……我国虽然地大物博，但科学落后，技术不发达。如果我们自己不能找矿，还谈什么造船、采矿呢？"

20 世纪 20 年代，一批外国地质学家对中国冰川进行了一番考察。他们认为，中国所处的纬度太低，即使在第四纪时全球温度下降，在中国也不可能演变成冰川横流。因此，考察后他们断言说："中国没有第四纪冰川。我们没有发现，你们中国人也不可能找到。"于是，信奉洋人权威的一些中国地质学家也就默认了他们的说法，认为"中国第四纪时期没有冰川存在"。

"那么，中国有没有第四纪冰川究竟有什么意义呢？"这个问题非常重要。中国有无第四纪冰川，是关系到亚洲大陆是不是早期人类的起源地之一的问题，进而也关系到中国文化是本土文化还是外来文化的问题。

"古老的华夏大地，难道真的不存在第四冰纪川吗？"当时，李四光在地质研究所工作，听到外国地质学家说中国没有第四纪冰川时义愤填膺，根本不相信洋权威们的论断。年仅 30 岁的李四光下决心用"事实来说话"，要把问题弄个水落石出。他在心里暗暗发誓："哪怕踏遍祖国的万水千山，也要寻找到第四纪冰川的遗迹。"

于是，李四光开始了他漫长的"寻找"生涯。1921 年，李四光首先到达太行山东麓沙河县、大同盆地一带进行地质考察。为了获得第一手资料，他爬山涉水，常常出没于险象环生的悬崖密林中……经过他不断的寻找和艰苦的探索，终于发现了第四纪冰川流行的遗迹，并且采集到带有冰擦条痕

的漂砾。这一发现使李四光信心倍增，对冰川的研究工作倾注了更多的时间和精力。1933～1934年间，李四光走遍长江中下游的庐山、九华山、天目山等地，进一步发现了大批第四纪冰川流行的遗迹。1936年，李四光又在黄山等地发现了冰川的痕迹。

就这样，洋权威们的谬论在事实面前不攻自毁，"外国人办不到的事情，中国人照样能办得到"。李四光根据自己多年的地质考察实践，以异常严谨的科学态度，严密地论证了第四纪冰川中国普遍存在的观点，有力地驳斥了洋权威们"中国没有第四纪冰川"的谬论。

"第四冰川"的发现，为我国第四纪地质研究揭开了新的篇章，为人们了解相应的历史时期的地貌、沉积物特点和分布规律等提供了必要的帮助，对气象学、生物学、工程建筑、勘察矿藏、水利水电建设等，都有直接的影响和重要的意义。

宇航员生活大揭秘

《我坐上了飞船》一课激发了无数小读者的想象力，使同学们对太空产生了无穷的兴趣。那么，坐在飞船里的宇航员

生活是不是如我们想象的那么有滋有味？有哪些鲜为人知的秘密？

地球有着强大的引力，一直把人类牢牢地拴在地面上。可是，自从宇宙飞船诞生后，人类终于自豪地进入太空笑傲地球了。那么，天上人间是不是像神话中的天宫那么浪漫、温馨、宁静？其实，太空中的高真空、强辐射、微流星体、低温或极端温度等环境，如果没有盔甲似的生命保障措施，人体瞬间即会灰飞烟灭，脆弱得连一只蚂蚁都不如。即使有了生命的保护伞"航天服"，太空轨道飞行产生的失重环境，也会让人食不甘味、寸步难行，甚至"灵魂"出窍、生不如死……太空，把一切都弄得颠三倒四，在地面上的衣食住行、吃喝拉撒睡、生老病死等等被全部扭曲，变得难以琢磨、无法把握。太空，令勇者神往，让弱者敬畏！因此，探秘太空生活，不断改善人类在太空的衣、食、住、行等生存条件，让许多科学家耗尽毕生心血。

1·穿

航天员穿的衣服叫航天服。航天员进行太空飞行必须穿着使用特殊材料、选用特殊工艺、经过特殊加工和特殊技术制成的航天服，有的航天服造价可达上千万美元，是保障航天员生命安全的最重要的个人救生设备。航天服一般由压力

舱、头盔、手套和靴子组成，按用途航天服可分为舱内航天服和舱外航天服两大类。为防止航天员呼吸造成水气凝结以及低温环境下头盔面窗上结雾、结霜，航天服专家还设计了特殊的气流或防雾涂层。舱外航天服的上身是坚硬的，装有手臂和生命保障系统，头盔与身上连接在一起，头盔无法随航天员的头部一起活动，必须与身上一起活动。航天员的四肢活动是通过气密轴承和一个可以活动的关节连接来保证四肢各关节的活动性能。舱外航天服是航天员走出舱外进入宇宙空间作业的时候所必须穿戴的防护装置，它就是一种最小的航天器。

2·吃

航天初期，为不使食品粉末在密封座舱的失重环境中到处飘飞，防止损坏仪器设备和航天员的健康，食品都是糊状的，并装在软管中便于食用。当然，食用时需要像挤牙膏一样往嘴里挤。后来，有了压缩方块食品、软包装罐藏食品等，可以把蒸煮灭菌后的鸡、肉、鱼片用复合塑料薄膜代替金属罐包装。为了进一步增加进餐情趣，科学家又研制了脱水食品，就是把食物冷冻、干燥，使含水量减至 3% 左右。吃饭时，航天员用针管往包里注水，食品就能迅速恢复原有的形状和颜色，还能加热后放在盘中，基本上可以像在地面上一

样进餐。现在，航天食品通常制成一口大小的长方形、球形和方形等，如肉块、鱼块、点心块，食品表面涂有一层可食的保护膜，航天员进食时一口一块，既方便简洁，又不会掉屑。我国的航天食品有中国特色，航天员可以吃到中式菜品，如鱼香肉丝、宫爆鸡丁等，比西餐更加色香味美。

3·住

早期，载人航天器内空间狭小，航天员只能在座椅上睡觉。为防止无意中触及开关，睡眠时必须把双手束在胸前。现在，在太空飞行中，航天员的床就是睡袋。它一般固定在飞船内的舱壁上，这样睡起来很舒服。因为失重时分不清上下，站着躺着睡都一样，所以，航天员既可以靠着天花板睡，也可以笔直地站着靠墙壁睡。

4·娱

在长期航天的空间站内，都设有专为航天员体育锻炼的"小型体育场"，有许多锻炼器材，包括自行车功量计、微型跑道、弹簧拉力器及负压筒等，宇航员们可以在失重条件下打棒球、踢足球、打"室内"高尔夫球、玩水气球游戏等，可以在航天飞机的货舱内翻跟头、空翻、大跳跃、飞进飞出等。他们还可以弹吉他、下棋、看电视、读电子版报纸、翻名著等。20 世纪 80 年代后，美国和前苏联先后开设了"太空专线电话"，可以让航天员和家属通话。1983 年 4 月，挑战者号首航时，5 天中竟然有 19 万个电话飞向太空。

除此以外，航天员在太空中还要洗澡、刷牙、大小便等，与地球上相比都极不方便，甚至非常艰辛、困难，但也是有趣的，甚至有着特殊意义，因为即使完成的是一个小小的生活细节，也是人类征服太空进程中一个了不起的举措。

黑洞之谜

《向命运挑战》这篇课文让我们认识了著名科学家史蒂芬·霍金，他有关爆炸黑洞的发现，有助于把相对论和量子力学联系起来。虽然霍金的最畅销书是《时间简史》，被译成 30 多种文字，但是他著名的研究成果还是关于"黑洞"。

天文学家给一种恒星塌缩后，其质量、密度很大的暗天体，起了一个有趣的名字"黑洞"。"黑"，表明它不向外界发射和反射任何光线，人们无法看见它；"洞"，表明任何东西一进入其边界就休想复出。它的体积很小，但密度大得惊人，每立方厘米就有几百亿吨；它的引力也特别强，连跑得最快的光掉进去也无法"爬"出来，世界任何先进的望远镜都看不见底；它能"吞"能"吐"，能把附近的天体"吞"进去，有时又能"吐"出来……天文学家称它是"太空中最神秘的天体"。在进入宇航时代的今天，世界各国已拥有各种先进的天文观测设备，如大口径配有极灵敏接受器的光学望远镜，大型射电天文望远镜，突破了地球大气层包围的哈勃空间望远镜等，天文观测已触及到距地球 100 亿光年以外的遥远天体，从河外星系到宇宙尘埃都可以一览无余，甚至像几万千米外一支小蜡烛那么微弱的光也能观测到，而唯独对"黑洞"却无能为力。它太神秘、太魔幻，让无数天文学家、物理学家为之兴奋、震惊、倾倒……

人类关注黑洞起源于 18 世纪，并在长期的过程中逐步认识和了解黑洞，而寻找黑洞、研究黑洞，则是当代天文学的一个重要和热门课题。

黑洞的概念最早出现是 1798 年，当时法国大数学家、天文学家拉普拉斯根据牛顿力学计算出，一个直径为太阳 250 倍而密度与地球一样的天体，其引力足以捕获其发出的光线而成为一个暗天体。

1939 年，著名物理学家奥本海默根据广义相对论证明一个无压球体在自身引力作用下能坍缩，引力坍塌后就不可能达到任何的稳态，只能形成黑洞。

1974 年，大名鼎鼎的学者霍金建立了黑洞热力学，证明黑洞具有与其温度相对应的热辐射，称为黑洞的发射。黑洞的质量越大，温度越低，发射过程就越慢，反之亦然。它不仅能"吞"而且能"吐"，这一结论震惊天文学界。

此后，人类对黑洞的研究、探秘形成了热潮，也有了一些新的"成果"。

一是发现了黑洞周围有星体。据 2005 年 10 月 16 日俄罗斯媒体报道，天文学家通过观察发现，在我们的银河系中心不远的地方存在几十颗巨大的、非常明亮的星体。这一发现让专家们大吃一惊。长期以来，人们都知道银河系的中心存在巨大黑洞，在其周围不远的地方不可能存在任何的宇宙天体。可是，天文学家通过观察发现，这些星体距离银河系的中心大约有 95 亿千米（不到一光年），而我们生活的地球距离银河系中心巨大的黑洞大约有 26000 光年。这些新发现的星体的体积大约是太阳的 30–50 倍，它们的亮度大约是地球的 10 万倍。因此，新的星体能在黑洞周围不远的地方形成，并不被黑洞吞噬，不仅令天文学家吃惊，也成为一种天文奇观。

二是科学家观测到有记录以来最猛烈的黑洞喷发。根据 2007 年出版的《自然》杂志报道，美国国家航空航天局的"钱德拉"X 射线望远镜观测到了迄今为止最强烈的一次黑洞喷发。据测算，该黑洞的爆发已经持续了一亿多年，并释放出了能量巨大的伽马射线流。美国俄亥俄大学的布赖恩·麦

克纳马拉表示："我简直被这一景象惊呆了，被黑洞吞噬掉的物质总质量相当于 3 亿个太阳——仅这些物质的总质量就与超大型的黑洞不相上下。"

三是发现了"配对黑洞"。一般情况下，常见的方式是多个黑洞合而为一。可是 2007 年的美国太空新闻网报道，美国天文学家在宇宙间发现两个交织在一起的黑洞，是两个配对黑洞，它们俩走得非常近，有点像正在配对的雌雄"黑寡妇"。科学家们推测，再经过数百万年，这两个黑洞必将合并成为一个，并将引发巨大的重力波爆炸。

四是天文学家最新发现黑洞数量远远超过估计。其中，欧洲天文学家发现 30 个位于遥远星系的超大质量黑洞，每一个通常有上百万至数十亿个太阳的质量。这一发现结果说明宇宙中黑洞的数量至少是我们原来估计的两倍多。

五是黑洞有不同的类型。过去，天文学家们仅认识了两种类型的"黑洞"，一种是质量仅为太阳质量 10 多倍的恒星"黑洞"，另一种是质量超过太阳质量数十亿倍的超重"黑洞"。现在，美国天文学家表示，"钱德拉" X 射线宇宙观测台发现了宇宙间新的"黑洞"类型，其质量约是太阳的一百倍，质量中等、温度在 100～400 万摄氏度之间的中型"黑洞"。

六是黑洞成了"宝石工厂"。一个由多国研究人员组成的小组，利用美国宇航局的斯皮策太空望远镜对一个编号为

PG2112+059 的类星体进行观测，它位于距离地球约 80 亿光年的一个星系中央。天文学家在观测中发现，一些特大质量的黑洞就如同宇宙中的"宝石工厂"，喷射出大量的水晶、红宝石和蓝宝石。这一发现将揭开构成宇宙的第一批恒星尘埃的来源之谜，同时也为生命的物质之源找到起点。

关于黑洞，还有许多谜团深深地吸引着我们探索的眼球……

课本里的自然之谜

KEBENLI DE ZIRAN ZHIMI

鲈鱼的自白

　　小学语文课本《江上渔者》和《钓鱼的启示》中都是赫赫有名的：我就是一条鲈鱼。

　　小朋友，让我先告诉你们一个小秘密，我就是《钓鱼的启示》中那条被放生的鱼。多少年来，无数个春来秋往，潮起潮落，我都在心中默默地对那位教子有方的父亲，还有那位听话的乖孩子心存感激。有了第二次生命，我幸运地回到了大海，像生活在天堂里一样。当然，我也知道许多读了这篇课文的小朋友也一直在惦念着我，希望得到关于我的更多消息……

　　我们鲈鱼家族有着光荣而悠久的历史。读过《后汉书·左慈传》的小朋友都知道，曹操请客感到缺少"吴松江鲈鱼"，左慈当场就"钓"出10尾放在铜盘里呢。后来，苏东坡在《赤壁赋》里也写到我们鲈鱼。当然，让我们一举成名的，还是大作家范仲淹的那首诗："江上往来人，但爱鲈鱼美。君看

一叶舟，出没风波里。"（见课本《江上渔者》）瞧，多幸运，那么多文人墨客为我们着迷、歌咏。其实，自古以来，我们就是美食家的心目中的"爱物"，细嫩的肉质让他们个个垂涎三尺。我们银灰色的体色、亮晶晶的背部和背鳍上点缀的许多小黑斑点，曾让他们如痴如醉，难以忘怀。现在，人类在江河上设置太多的水闸，阻断了我们往返于江海之间的通道，旅途受阻，繁衍后代很困难了，我们只好在近海中完成这一任务，可是幼小的儿女在近海里出没往往凶多吉少。于是，20世纪70年代，人类想出了"金点子"，开始人工养殖，有的还在近海实行"网箱繁育"。人啊，让我们鲈鱼家族有着太多的不解！

当然，我们不仅栖身在近海，有时也会进入近海的江河中，特别是在早春季节，我们的鲈鱼妈妈会在咸淡交界的河口生儿育女，把孩子生在牡蛎的空壳中。那一枚枚空空的贝壳，就成了我们孩子倾听大海歌唱的摇篮。我们的胃口很大，一次能吞进相当于自己体重的5%～12%的食物。饥饿极了，捕食时往往又凶又猛，于是常常上当受骗，成为人类的猎物，上演《钓鱼的启示》中那难忘的一幕……冬天来了，江河的水变冷了，我们才不得不悄悄地来近海，寻找海底的礁石，躲避寒冷的日子，做起了怀想春天的梦。

小朋友，我们鲈鱼虽然有着非同一般的珍贵身世，但不属于"娇生惯养"的那一类，惊险曲折的生活积淀形成了我

们代代相传的凶悍基因，炼就了我们四海为家的一身豪气。不论是茫茫大海，还是近海的浩荡江河，不论是在中国的近海，还是朝鲜、日本、菲律宾等国家的沿海，都能找到我们家族成员活动的身影。也许有一天，你一不小心又碰上了我这条获得新生后特别爱唠叨的鱼……

奇妙的动物尾巴

《比尾巴》是一篇对话形式的儿歌，主要介绍猴、兔、松鼠、公鸡、鸭子、孔雀等六种动物尾巴的特点。《小壁虎借尾巴》一课既指出了壁虎尾巴可以再生的特点，又写了小鱼、黄牛、燕子尾巴的用途。那么，动物的尾巴还有哪些奇妙的功能呢？

动物的尾巴形形色色，长短粗细不同，用途也不一样。概括起来讲，动物尾巴的主要作用在于：

一是用它来平衡身体。猫在跑跳时能保持平衡，有时肚皮朝天、四脚朝上往下落时得以翻过身来，四脚先着地，不至于摔伤，靠的就是它的尾巴。袋鼠无论是跑还是跳，如果

仅靠两条后腿显然不能够保持身体的平衡，正是尾巴发挥了关键作用。猴子、松鼠等在树枝上跳跃时，不会失足，也是尾巴立了功。鸟儿在快速飞行时，尾巴上又长又宽的羽毛能灵活转动，也起了像舵一样的平衡和调控方向的作用。鱼的尾巴也具有平衡身体、调整方向的作用。

二是用它来支撑身体。啄木鸟在竖直的树干上站着啄食害虫时，尾巴支撑在树皮的裂隙中，从而能够站稳，不会跌落下来，尾巴发挥了支撑作用。袋鼠的尾巴又粗又长，休息时，尾巴支在地上，成了它的凳子，对整个身体起到了支撑作用。

三是用它来自卫。牛、马、驴、骡的尾巴用来驱赶讨厌的苍蝇、蚊虫和牛虻等，是最简单的自卫。穿山甲的尾巴缠在树上，也是一种自卫方式。生活在水里的河狸遇到危险时，会用尾巴拍水，发出"劈啪"的响声，向同伴报警。鹿的尾巴虽然又小又短，但是当有危险逼近鹿群时，首先发现敌害的鹿会竖起尾巴，露出下面的亮点，向同伴发出警报。鹿群一接到警报就会马上逃离。

四是用它来保温。像松鼠、狐狸等长着毛茸茸粗尾巴的动物，在寒冷的时候，会把身体缩成一团，然后用大尾巴严严实实地围住身体，好像围巾一样，能起到很好的保温作用。

五是用它来逃生。兔子的短尾巴可以在紧急情况下帮助兔子逃命。当兔子被猛兽咬住时，兔子立刻使用"脱皮计"，

将尾巴的"皮套"脱下，从而赢得逃命的刹那时间。蜥蜴和壁虎遇到敌害时，会自动将尾巴折断留给敌人。尾巴里面有很多神经，还能蹦跳一段时间，起着转移敌害视线的作用，而自己却可以趁机逃之夭夭。

六是用它来捕食。美洲的响尾蛇是一种毒性很强的蛇，它的尾巴具有引诱小动物的作用。它的尾巴上有一条条角质的环纹，这些角质环纹膜围成了一个空腔，当其尾巴晃动时，在空腔内就有气流振动，发出声响，像流水声。田鼠、青蛙等小动物听见了，会误认为是流水声，前来喝水或猎食，于是便会成为响尾蛇的美餐。蝙蝠白天栖息在较暗的洞穴里，晚上才出来捕捉昆虫。有些蝙蝠十分狡猾，会把尾巴踡缩起来和它的后脚一起拼成一个吊篮形，巧妙地躲过小昆虫的眼睛。有了这副伪装，蝙蝠能捕捉到很多昆虫。

七是用它来进攻敌手。鳄鱼的尾巴非常有力，像铁棍子一样，是它防御和进攻的武器，就是狮子和豹等野兽都轻易不敢接近它。狮、虎、豹的尾巴也是它们的战斗武器之一，在和其他动物搏斗时，用尾巴奋力一击，往往会把对手打翻在地，甚至毙命。蝎子尾巴的尾端生有钩状而尖锐的毒刺，毒性很强，对猎物能起到快速麻醉作用，或者让它一命呜呼，最终获取美味。

八是用它来储存营养。绵羊、狐猴等的尾巴是储存营养物质的仓库。在食物丰富的雨季，狐猴就在尾巴里储存起大量营养；在食源缺乏的旱季，狐猴靠消耗尾巴里储备的营养度日。在寒冷的冬季，绵羊找不到可口的草料，可以通过消耗尾巴上的营养来打发日子，保持自己的体力。

鹰飞翔的本领是这样练出来的

在《自己去吧》这篇课文中有一段小鹰和妈妈的对话，小鹰要求妈妈带自己去山那边看看，可是妈妈拒绝了他的请求，让他自己去。过了几天，小鹰就学会了飞翔。想一想，雄鹰飞翔的本领到底是怎么练出来的？

鹰不仅仅是一种鸟，更重要的是，在许多志士的心目中，它是翱翔在天空的思想者。许多有农村生活经验的人都不会忘记，在 20 世纪五六十年代，晴空万里的夏日，夕阳西下，在打谷场的上空，鹰时常展开硕大的翅膀盘旋着，翱翔着，冷不防，伴着一声凄苦的惨叫，一只正在觅食的小鸡就被叼起腾空而去，在人们无奈和怜惜中渐渐远去，直至消失在一

片密林背后……鹰的猎技、胆识让无数人由衷惊叹!

其实,鹰的飞行绝技得来并不容易。鹰的一生要经过数次炼狱般的生活,每次都折射着它思索生命的火花。鹰出生时至少是双胞胎,多的可达三四胞胎,出生不久,母鹰就会有目的地减少它们的食物,驱使它们互相争食,直到强者吃掉弱者。小鹰诞生的第一课让它们懂得,不强大就没有生存的机会!一只幼鹰出生六七天后,母鹰为了训练它飞行,一定要把它推到巢穴边,让生命时刻面临险境,一旦翅膀能飞行就会无情地把它从巢穴中推出去,任其坠向万丈悬崖……在落地的瞬间,小鹰往往就学会了飞行;没有冲向悬崖的勇气就不会获得新生。因恐惧或撞到山崖上而奋起的翅膀骨骼从而变得坚硬如铁,更具力量。当鹰长大后,能够在高空和烈日下把翅膀划出优美弧线的时候,生命才渐渐地在飞行和打猎中绽放迷人之花。搏击长空40年后,鹰的生命又面临一次重大的转折,也是它不得不读的第三课:要么新生,要么死去。它的喙上已结了厚厚的茧,再也不能像过去那样伸展自如;翅膀上堆积了厚厚的羽毛,累得它再也无力举翅凌空……。它面临生死选择,要么等死,要么躲进悬崖峭壁的洞穴里经过150多天的新生:要在飞翔中突然撞向悬崖,把结茧的喙磕在尖尖的岩石上,一次又一次,鲜血淋漓,直到把老化的喙连皮带肉地"撞"掉,然后忍痛飞回洞穴等待着新喙的长出,再用喙把爪上的老趾甲一个个拔掉,最后用新趾甲把旧的羽毛扯掉，再等五个月让新羽毛长出，从而让生命在碧空中再延续 30 年！

"宝剑锋从磨砺出，梅花香自苦寒来。"鹰的飞翔，在它腾空而起的刹那间已经完成了对生命内涵全部最美、最好的诠释！

动物搬运食物的绝招

《小兔运南瓜》里有三幅插图，讲述了一个小兔运南瓜的故事。他想把大南瓜运回家却不知道怎么办，后来受大熊猫骑车的启发，"把南瓜当轱辘推着走不是很好吗？"终于把南瓜运了回来。那么，动物王国的臣民为了取得食物，都有哪些绝招呢？

老鼠依靠集体力量偷鸡蛋。鸡蛋又大又光滑，营养价值高，滋补性能强。可是老鼠个头小、力气少、嘴巴小，是怎么搬运的呢？领头的老鼠要先派一个老鼠用四爪抱住鸡蛋，身体蜷成一团，而后其他老鼠咬住他的尾巴，一起拖进洞里，再咬开蛋壳慢慢享用……

屎壳郎用滚动原理推粪球。屎壳郎学名蜣螂，有"自然界清道夫"的美誉。屎壳螂滚粪球，是为产卵作准备。产卵后，用土把粪球埋起来，不久粪球内孵出白色的幼虫，它靠吃粪球长大，再靠粪球提供的营养来生儿育女。它的头顶上有6个细尖齿，像一顶王冠，这是它挖掘的锹、切割的锯、拾粪的叉子和搂粪的耙子。它会用这些工具把一堆不成形的粪便修理成球状。然后，它用两条后腿抱住球，一对足尖从两侧对称插入球体成为一对转轴，中间一对足爪按在地上作为支撑，两只前爪推动，粪球向前（应该说"向后"）滚动，经过一番努力它能把大于身体数倍的食品运回家——一个深约10厘米的地洞。它像一位高明的技师，懂得如何切割粪球，更知道如何用物理学中的滚动原理！

刺猬用身上的刺串枣子。满身的硬刺是刺猬偷枣子的工具。刺猬为了吃到红红的枣子，先爬上树去，用力晃动树枝，将枣子摇落，而后下来，就地一滚，枣儿就被扎在刺上，好似卖糖球一般，把枣子运回……

黄鼠狼偷鸡巧借力。鸡，不仅爪、喙都是有力的自卫武器，而且论体重一般都是黄鼠狼的三四倍，那么，黄鼠狼怎样把这个庞大的活生生的东西抓到手、运回家呢？黄鼠狼智商高，有计谋，知道鸡有个致命弱点，那就是夜晚看不见东西，所以黄鼠狼偷鸡都在深夜。它先悄悄的摸到鸡的身边，瞅准他的脖子，猛的一口，随即窜上鸡身，而后衔着鸡头，指挥他的方向，用尾巴当鞭子抽打他的屁股。那鸡想喊喊不出，一心想着逃跑，就自然地扇动双翼，黄鼠狼只要勒紧'缰绳'，鸡便乖乖的向黄鼠狼指挥的地方跑去……这就是借力。然后，找个安全地方，黄鼠狼用劲将鸡咬死，先喝血，再吃肉。

此外，小蚂蚁搬食物时既分工负责，又团结合作，能把质量是自身几倍的食物分解成若干小块，再慢慢运回窝里。

动物冬眠给人类医学的启示

《动物过冬》是一篇迷人的童话，以小蚂蚁找朋友为线索，分别介绍了燕子、杜鹃、黄鹂、喜鹊以及青蛙的过冬方式，内容新颖，饶有趣味。

提起动物过冬，大家最熟悉的莫过于动物的冬眠。那么，动物以冬眠的方式过冬，对人类医学有什么重要的启示呢？

动物冬眠也叫"冬蛰"，它是某些动物在冬季时生命活动

处于极度降低的状态，是对冬季外界不良环境条件（如食物缺少、寒冷）的一种适应。蝙蝠、刺猬、极地松鼠、蛇、青蛙等都有冬眠习惯。刺猬在冬天缩进泥洞里，蜷着身子，不食不动，心跳每分钟只跳 10 ~ 20 次。如果把它浸到水里，半个小时也死不了，可是当一只醒着的刺猬浸在水里 2 ~ 3 分钟后，就会被淹死。据研究，黄鼠在 130 个昼夜的冬眠时间中，共放出 70 卡热量，但冬眠过后的 13.7 昼夜中，就能放出 579 卡热量。一般动物在冬眠前的体重，都比平时增加 1 ~ 2 倍，冬眠之后，体重就逐渐减轻。如冬眠 163 天的土拨鼠体重减轻 35%，冬眠 162 天的蝙蝠体重可以减少 33.5%。动物在冬眠时，血细胞还会大大减少。平时，1 立方毫米土拨鼠血液中，会有 12180 个白细胞，但冬眠时平均只有 5950 个，然而，让人奇怪的是，尽管体内"卫士"——白细胞大大减少，但冬眠动物却从来没有发现生病的。

数十年，独特的动物冬眠现象一直吸引着科学家的注意力。现在，医学家为了更好地治病救人，也在密切地关注这一奇特的现象，希望揭开动物美梦中的秘密呢。

一是希望从动物冬眠中得到启示，找到治疗中风的妙招。动物在冬眠的几个月里，只能获得少量氧气供应，到达大脑的血液量降到 90%。在这种氧气、能量奇缺的状态下，人的脑细胞只能坚持几分钟。可是，动物在冬眠中脑细胞根本不会受损伤，更不会致命。那么，这是什么原因呢？难道动物血液中含有特殊的营养？对此，波士顿的医学家凯·弗雷利克斯，纽约大学医学中心的玛格丽特·赖斯，都在密切关注并投入了大量精力研究、破解，一旦发现其中奥秘，为中风患者找到更好疗法的日子也就不远了。目前，科学家只能推断，维生素 C 可以阻止中风患者脑细胞的大量死亡，要找到解决问题的办法还需要走较长一段路程。

二是希望为患者解除人工透析的病痛。黑熊在冬眠期的 5 个月内不吃不喝，更令人吃惊的是，它的膀胱和肠子竟能在这么长的时间里一直处于静止状态。而人如果不排尿，几天后便会因尿中毒而死。黑熊能够活下来全靠了一种再循环技巧：它的躯体虽仍在造尿，但尿液及其中所含的毒质却并不停留在膀胱之中，而是透过膀胱壁回到了身体各个组织之中，促成了蛋白质的再生。这些蛋白质可为冬天降生或处在哺乳期的幼兽提供母奶。医学家由此看到了治疗肾衰竭的希望。这种病是由肾无法从血液中滤出足够的尿素引起的，黑熊的再循环技术有望使患者免去人工透析之苦。

三是希望找到治疗骨质疏松症的良药。人如果长期不活动，骨骼大都会迅速变得疏松起来，卧床不起的病人半年之内会丧失全部骨质的 1/4。可是，冬眠的黑熊根本不会得这种毛病，骨骼也不会萎缩。那么，是什么物质促进了黑熊的骨质再生？难道它的血液中有什么奇特元素？科学家一直在苦苦寻找，如果如愿的话，千百万骨质疏松症患者将会告别

这一病痛的折磨，老人最害怕的骨骼脆裂也不会出现。

四是希望从动物冬眠找到更多的秘方。黑熊在这漫长的冬眠中，体温要降到 2.2℃，这样，随着体温的降低，它全身新陈代谢减弱，氧的消耗量也大大的降低，血液循环也大大减慢，心脏的跳动和呼吸的次数都大大减少了。它的生理活动节奏也越来越慢，最后进入"睡眠"状态。黑熊冬眠时，它体内脂肪分解所分泌的水分同机体蒸发所需要的水分恰好相等。同时，它的肾脏所排出的尿液，可透过膀胱壁又返回到血液中去，它的体内水分消耗极少。因此，春天醒过来时，它依然浑身是劲，行动自如，仍然保持着秋天那样强有力的肌肉组织。黑熊的冬眠，是一种"自我保健"、"自我调养"好方法，为它在大自然的竞争中积蓄了力量，是它能够在恶劣的条件下生存下来的重要因素。科学家受此启发，希望能够采用降低温度的方法使人进入"冬眠"状态，来提高人体对不良环境的抵抗力。比如，病人开刀的时候，采用这种方法，使病人的体温下降，心跳速度变慢，能顺利地进行各种手术。肥胖人采用这种方法，使他降低食欲，从而减肥。在太空飞行的宇航员，如果大部分时间处于冬眠状态，让他们必要时再醒过来，这样星际航行的时间就更长了。

目前，尽管人类对动物冬眠的认识用于医学实践的路非常漫长，但是医生们已经懂得在做某些外科手术时把病人体温降低 7 个摄氏度，通过短暂的缺氧避免病人失血过量或器官受伤。当然，这与冬眠动物相当于冰箱温度的体温相比还差甚远。但我们相信，随着科技的发展，动物冬眠之谜一定能全部揭开。届时，科学家将会更好地利用动物冬眠的启示来造福人类。

蜜蜂和它的舞蹈之谜

阅读课文《蜜蜂引路》，不仅让我们领略了善于观察、知识丰富的列宁风采，还让我们对蜜蜂这种小昆虫有了太多的遐想和关注：蜜蜂是一种什么样的小昆虫，为什么特别爱跳舞？

蜜蜂是一种可爱的小昆虫。它虽然弱不禁风，可是在漫长的进化中变得很有智慧，竟然能够依靠自身特有的舞蹈动作来表情达意。五颜六色的花丛中，会飞的"舞蹈家"——小蜜蜂，扇动着美丽的翅膀尽情地舞蹈着，"嗡嗡"地歌唱着，向同伴们传递着一条条奇妙的消息，那些谜一样的舞蹈语言令人类着迷。

科学家在研究中发现，蜜蜂的舞蹈动作有许多惊人的奥秘：一是有的舞蹈表示蜜源的远近。如果一只工蜂归巢时，

先往右飞一个圆圈，再往左飞一个圆圈，这个睡"8"字圆圈舞的动作向伙伴表示，在离巢百米以内有美食呢；如果工蜂回家先飞半圈，然后边摆尾边直飞，换一个方向再飞半圈，跳的是"8"字摆尾舞，表明蜜源在百米开外。更为有趣的是，蜜源的远近与转圈次数有关，假如工蜂每分钟转18圈，就意味着1千米外能找到蜜源。二是有的舞蹈表示蜜源的方向。当蜜蜂跳舞时头上尾下朝天飞，意思是说，朝着太阳的方向飞去，准能找到采蜜的地方；跳摆尾舞时，头下尾上朝地直飞，意思是说，背着太阳方向飞去，就是采蜜的地方。三是有的舞蹈与"心情"有关。当巢里的蜜蜂数量太多时，老蜂便要带领一半部下去建新巢。这时，担任侦察兵的工蜂四处活动，回巢后，将自己看见的情况用舞蹈动作向伙伴们进行描绘，当对新巢很满意时，它跳舞最卖力，相反，它的舞蹈动作变得有气无力，一副闷闷不乐的样子。瞧，这些秘密有谁知道！

科学家受蜜蜂舞蹈语言的启发，正在设想利用人造的电子蜂来控制蜜蜂的活动，让电子蜂以相应的舞姿引导工蜂，从而按照人类的需要来为植物传授花粉，以此来提高庄稼的产量：当要蜜蜂飞到油菜地里去的时候，人造电子蜂如同侦察蜂一样跳起了有关舞蹈，蜂群就会根据电子蜂的引导成群结队地飞向油菜地里；当人类需要蜂群搬"家"的时候，电子蜂又跳起了另一种舞蹈，把新居的方位、环境等告诉蜂群，

再把蜂群引入预定的"新巢"。

另外，蜜蜂的家族成员喜欢群居，而且每群蜂里都有三种成员：蜂王、雄蜂和工蜂，它们有严密的组织和细致的分工，每个成员各司其职，互相配合。工蜂的职责是用蜂蜡来建设蜂房、采花酿蜜，同时也为农作物传授花粉，是一种对农作物有益的昆虫。

鸟类中的建筑大师

《群鸟学艺》是一篇精美的童话，讲的是猫头鹰、老鹰、乌鸦、麻雀、小燕子向凤凰学习搭窝的本领，结果有的仍旧不会搭，有的搭的窝很粗糙，唯独虚心、耐心的小燕子搭得最好，这篇文既有教育作用，又有科学知识。其实，鸟类中还有许多大名鼎鼎的建筑大师。

1·营冢鸟的"孵卵器"

当我们到风光迷人的澳大利亚旅游的时候，在南部灌木

丛中，时常能看到地面上耸立着一个个巨大的树叶堆。这是不是当地的妇女为逗孩子开心而堆积的呢？不。这是营冢鸟的杰作，是它们的"孵卵器"！

在澳大利亚南部，有一种叫眼斑营冢的鸟，生活在干旱的灌木丛中。这里夏天炎热，冬天又格外寒冷，眼斑营冢鸟的雄鸟从每年的 4 月份就开始联合邻居们一起兴建"孵卵器"。它们先挖掘一个深 1 米、直径 2 米多的大坑，然后把各种树叶埋到坑里，再往坑里堆些砂土，形成一个土丘。雄鸟把雌鸟产下的卵用砂子盖好，使卵直立，大头朝上，以便日后雏鸟容易出壳。夏天，树叶腐烂后温度会很快升高。如果过高了，雄鸟就打些通风洞，把腐土堆里的热放些出去，或者用晨风吹凉的砂子撒在腐土堆上，作为清凉剂；晚上，天气有些冷，再把这些洞堵上。它们控制"孵卵器"温度的本领真是很高明啊！

营冢鸟利用阳光和植物发酵产生的热量建造了"孵卵器"，成了一只只幼鸟的"特殊的房子"。经过一段时间的孵育，一只只小鸟终于从"小房子"里一步步走出来了，展开翅膀飞向了蓝天。

这样，营冢鸟就巧妙地完成了"生儿育女"的使命。

2·织布鸟的"纺织巢"

织布鸟是鸟类的能工巧匠，它能像织布女工一样，用植物纤维在树上给自己编织一个个精美的吊巢，人们叫它纺织巢。这种巢，像下垂的累累硕果，有的横挂在两个临近的树梢间，有的高悬在伸展于水塘上空的树枝上，在微风中摇荡不息。

这种鸟生活在热带，在我国云南西双版纳就有。常见的一种叫黄胸织布鸟，它的体形大小像麻雀，羽毛美丽，喉部和胸部都是黄色的。每年的 3～8 月，是织布鸟的繁殖季节。它们用草片、草茎和树木的纤维做原料，由于天然的原料太粗大，要设法撕成细丝才能编织。于是织布鸟选好理想的草片，测量好部位，先用嘴啄一个缺刻，然后从草片的顶端往下用力撕拉刚好到了缺刻处断下，这样一条条纤维撕成了。它们先用粗纤维紧紧地系在树枝上，用嘴来回编织，穿网打结，织成实心的巢颈，作为巢的基底，然后，由巢颈向下继续编织，密封巢顶，外壁增大，中间形成空心的巢室。在巢的底部织一个长长的飞行管道，末端留有开口。这种巢顶既能防风挡雨，又能遮住灼热的阳光。巢筑好后，巢内的装修工作由雌鸟来完成。它在巢内铺好"产床"——铺垫一些兽毛、羽毛等柔软物品，并特意设置了栅栏，挡好巢口，以防止鸟卵跌出巢外或蛇等天敌来侵犯。

织布鸟对巢的设计确实费尽了心机。它的巢壁细致紧密而富有弹性，特别是它的巢口和过道是向下的，遇到大雨，巢内也不会积水。最有趣的是，织布鸟还在它那轻飘飘的巢内放入几块石子、硬泥块，使巢重心稳定，即使大风来临也不会过于摇晃。这样，织布鸟就有了舒舒服服的"家"了。

3·园丁鸟的"花亭子"

大自然中，有一种鸟能用树枝搭盖一座富丽而精致的像亭子一样的"建筑"，这种高超的建筑艺术才能，是其他鸟类所望尘莫及的。它就是生活在澳大利亚的一种很有名气的鸟——园丁鸟。

园丁鸟在建巢前，先在林间空地上选择一个树荫不太浓的地方，清理一块一平方米左右的地方，用树叶围起来，成为一个"舞场"。然后用细嫩的树枝在"舞场"里编搭起来，成为一个小亭子，用一束束的树枝插成互相平行的两列，筑成一条几十厘米长的通往亭子的林荫甬道。然后着手修亭子，选择黄绿色的枝叶、蓝色和黄色的花、蓝色的浆果和鹦鹉的羽毛进行装饰，还会寻找一些玻璃珠、纽扣、彩色毛线和金属丝来作装饰品。它们把门建在亭子南端，这样可吸收阳光。在门前的空地上，铺着细枝和青草，里面有各种各样的收藏品，如花儿、果子、蘑菇、鹦鹉羽毛、贝壳、玻璃、剪刀、戒指、刀、叉、牙刷、眼镜、钱币和玩具等等，摆在它的建筑里，园丁鸟的花亭子就像一个小小的展览馆。

园丁鸟费尽心机营造这个"建筑"，就是为了把雌鸟吸引过来，做它的"新娘"呀！

4·红灶鸟的红房子

红灶鸟是阿根廷的国鸟，当地人不仅喜欢这种鸟，更喜爱它造的房子。

红灶鸟造房子非常辛苦。它造房子用的材料是牛粪、植物碎片、小泥丸和干草等，其中光是小泥丸，就得要2000颗。小小的鸟儿，从远处将小泥丸一颗颗地搬运来，要搬2000次呢！另外，还要搬运干草等一些其他的材料。材料备齐以后，还必须把它们搅拌在一起，这样筑成的房子，才能坚实、牢固。因此，红灶鸟造房子需要的时间也比较长，在夫妻俩的通力合作下，从开工到竣工，大约需要20天左右的时间，其间的艰辛是显而易见的。

红灶鸟造的房子非常合理、科学。它们把房子分成两室，外面是休息室，里面是育儿室。中间用一道栅栏隔开，这栅栏是用来保护鸟宝宝的。在育儿室里，还铺垫着一些柔软的细草。鸟妈妈就是在这样的房子里生儿育女，繁育它们的后代。

阿根廷人喜欢红灶鸟造的房子，当然，也喜爱这种会造房子的勤劳智慧的红灶鸟。

5·鸟"裁缝"

缝叶鸟是鸟类中一种用奇特方式筑巢的小鸟。每年春天，缝叶鸟便纷纷寻找情侣，双双结伴，共同营造自己的"安乐窝"。它能像裁缝那样会用"针"和"线"来缝巢，而且工艺非常高超。

缝叶鸟缝巢有一套精巧的缝纫本领，能把一两片芭蕉、香蕉、野牡丹或野葡萄等大型的植物叶子，按照一定的形状，精巧而牢固地缝起来，吊挂在树杆上。它们到处寻找、收集野蚕丝、蜘蛛丝，或者人们丢弃的细毛线等做缝线，用它那细长而弯曲的嘴当缝针，先将宽大的树叶卷曲，再不断地用喙在叶片边缘 1～2 厘米处啄孔，再用缝线穿过去，一针一针把叶片缝成一个口袋形的窝巢。更为奇怪的是，为了防止缝线脱落，它还会在线头上打个结呢！有时也用两片或几片叶子缝在一起。缝叶鸟就这样不厌其烦地来回缝制着，一边缝好了，再缝另一边，如此复杂精巧的缝纫技术，令人惊叹。

缝叶鸟考虑得非常周密，为了防止叶巢的叶柄枯死脱落，还将叶柄用粗纤维绑在干上。同时，它们还特意把巢做成有一定的倾斜度，这样下雨时可以避免雨水流进去。最后一道工序是布置新房，成对的缝叶鸟欢天喜地在树林中飞来飞去，四处寻找一些枯草、野棉花、羽毛和植物纤维等柔软的材料，铺设成一个小巧、温暖、舒适的"家"，然后开始了它们的"蜜月"生活。

缝叶工作是由雌鸟来担任的，这种造巢的技能在鸟类中已经达到很高的程度了。

鲜花寓意知多少

《一束鲜花》讲述一个小男孩为去世的母亲过生日献鲜花的感人故事。现在，许多小朋友都喜欢在教师节、母亲节、父亲节等节日以鲜花来表达自己的感情。那么，鲜花有哪些寓意，或者说，在人们习惯中鲜花能表达哪些情感呢？

玫瑰：表示"一心一意"或"我爱你"。玫瑰是爱情的象征。其中，不同颜色的玫瑰有不同的象征意义：红玫瑰，表示我爱你、热恋，希望与你泛起激情的爱；白玫瑰，表示纯洁、谦卑；粉红玫瑰，表示亲切及优美有涵养。

康乃馨：祝您健康。这是母亲节最受欢迎的鲜花。红色康乃馨用来祝愿母亲健康长寿。黄色康乃馨代表对母亲的感激之情。

百合：百年好和，顺利、心想事成、祝福。

荷花：中国喜欢荷花，象征"纯洁"。因为她"出淤泥而不染，濯清涟而不妖"。可是荷花在日本表示的是死亡，是不能送人的。

梅花：梅花耐寒，傲霜，象征"坚贞不渝"。

粉蔷薇：爱的誓言。

白蔷薇：纯洁的爱情。

水仙花：只爱自己。

仙人掌：坚强。

橄榄：和平。

栀子花：永恒的爱。

龟背竹：叶形奇特，有虚有实，青碧可爱。龟背竹寓意健康长寿。

蝴蝶兰：花形似彩蝶，花姿优美动人，极富装饰性。蝴蝶兰代表我爱你，是新娘捧花中的重要花材。

鸡冠花：经风傲霜，花姿不减，花色不褪，被视为永不褪色的恋情或不变的爱的象征。在欧美，第一次赠给恋人的花，就是火红的鸡冠花，寓意永恒的爱情。

蒲公英：勇敢无畏。

马蹄莲：象征"圣法虔诚，永结同心，吉祥如意"。在欧美国家的婚礼中，是新娘捧花的常用花材。

茉莉花：象征优美。西欧的花语是和蔼可亲。菲律宾人把它看作忠于祖国、忠于爱情的象征，并推举为国花。来了贵宾，常将茉莉花编成花环挂在客人项间，以示欢迎和尊敬。

富贵竹：淡雅、清秀，象征吉祥、富贵。略经加工，可产生"绿百合"的艺术效果。也可作中小型盆栽，点缀厅堂居室。

睡莲：又名子午莲、睡美人等。它花姿端庄，花色清丽。睡莲象征纯洁的心或纯真。古埃及把它视作神圣之花、太阳神的象征。印度、泰国等都把它作为国花。

勿忘我：象征浓情厚意。它花姿不凋，花色不褪，寓意"永恒的爱"，"友谊万岁"。它是爱情的信物。情侣们常将勿忘我扎成束，赠给自己的恋人表达深深的爱意。

郁金香：象征神圣、幸福与胜利。不同的花色其含义不同：红色郁金香，表示我爱你。紫色郁金香，表示忠贞的爱。黄色郁金香，表示没有希望的爱。白色郁金香，表示失恋。在欧洲，对自己钟情的恋人表示深深的爱，常选送一束红色的郁金香。

紫罗兰：象征永恒的美或青春永驻。

三叶草：一叶代表祈求，二叶代表希望，三叶代表爱情，四叶代表幸福。

植物开花的奥秘

《养花》、《花钟》等课文让我们对花儿开放产生了极大的好奇，许多小读者都希望知道花开的奥秘。

生物学家经过长期不懈的研究发现，不同时间会开不同的花，许多植物开花和闭合的时间很有规律，如：草地婆罗门参清晨 4 时开花，蒲公英大约在早晨 5 时开花，到了黄昏时分，待宵草、亚马逊王莲相继开放，月亮花在晚上 10 时悄悄展开花瓣，夜香仙人掌直到午夜才展露花的芳姿……。

根据植物开花的规律，依据开花或闭合的时间编排成一个圆圈，种在花坛里，就成了名副其实的花钟，如：大约凌晨 3 点，蛇麻花首先开放，大约 4 点钟，牵牛花的大喇叭悄然张开，大约 5 点，野蔷薇花露出了笑脸，大约 6 点，龙葵花迎风绽放，大约 7 点 30 分，郁金香舒展开美丽优雅的花瓣，大约 10 点，半枝莲散芳吐蕊，而后是大爪草（约 11 点钟）盛开，午时花（约 12 点钟）迎着烈日怒放。下午，万寿菊花开（约 15 点钟）、紫茉莉（约 17 点钟）添香、烟草花

（约18点钟）绽开。夜幕降临，月光花（约19点）、待宵草（约20点钟）等次第绽放……

据资料记载，古代中国人最早设计了计时花园，就是把能完整指示一天时间的花草种植在一个庭园里。16世纪末，英国剑桥大学彼得豪斯学院建造了一座老式花钟，它的12个罗马数字是用经过修剪的黄杨灌木造型的，指针就是砍去树枝的紫杉，在罗马数字外，栽上对应时间开放或闭合的花，这样的花钟可以比较正确地反映一天的钟点变化。世界第一座按现代钟造型的花园是苏格兰爱丁堡的街心钟花园，"园钟"直径约4米，它的指针用空心金属制成，并由机械传动，"钟面"的12个阿拉伯数字是用栽种的花卉造型而成，不仅造型逼真，而且走时准确。美国瀑布城的"花钟"也特别有名，钟面由24000株花组成，直径10多米，秒针有5米多长，时针和分针的自重达200多千克。

有的花白天开，有的花晚上开，这是为什么？一般来说，白天开放的花朵较多，如向日葵、月季等，这些花朵喜欢阳光的照晒，而且白天有蜜蜂、蝴蝶等昆虫作媒，传花授粉，帮助它们生儿育女。有的花喜欢晚上或夜间开放，这与花朵开放时需要的气温、湿度等有关，如紫茉莉下午5时左右开花，到第二天拂晓时分，花就闭合起来开始睡眠了，好像怕见太阳似的。月光下开放的花儿还有很多，如月光花、待宵草、夜来香等，都是昼闭夜开的花。这些花朵一般是怕晒、喜阴、需要足够的水分来支撑它的花朵开放。有的专家解释认为，植物也要睡觉，植物的睡眠是它们适应周围环境、保护自己的一种运动。在白天和黑夜里，光线明暗差异显著，气温高低悬殊，空气湿度大小不同，在长期的自然选择过程中，有的植物就逐渐形成了各自的睡眠习惯，所以就有了花朵在不同时间开放的现象。有趣的是番红花，它们在早春时节开花，一天中花瓣有时开，有是闭，反复多次，好像醒了又睡，睡了又醒……

荷叶"出淤泥而不染"的奥秘

学习了《荷花》这课以后，我们对美丽的荷花有了新的认识，如果从科学的角度来研究荷这种植物，更是别有洞天的。它的花、叶、根等都可以入药，有一种自洁涂料也是得益于荷的启示呢。

荷花是美化人们生活、陶冶情操的珍贵花卉，被誉为十大名花之一。自北宋周敦颐写了"出淤泥而不染，濯清涟而不妖"的名句后，荷花便成为"君子之花"。日常生活中我们还知道，如果把一杯水浇在荷叶上，我们会发现水在荷叶上打着滚儿，凝成了一颗颗小水珠，轻轻地抖动就能把荷叶上的水珠全部抖落，而荷叶一点也不湿。即使一场倾盆大雨，只要风一摇动，荷叶上就会干干净净，一滴水也不留下，而且叶面也很洁净，连灰尘都被洗得荡然无存。那么，荷叶为什么会有这种奇特的自洁本领呢？

科学家对荷叶非常感兴趣，在显微镜下，专家们发现原来荷叶面上有许多非常微小的绒毛和蜡质凸起物，雨水落在上面，铺不开、渗不进，只化作粒粒水珠滚落下来，顺道儿带走了荷叶表面的灰尘，从而使叶面始终一尘不染。荷叶上这种肉眼看不见的微结构能够非常好地排斥水分子，科学家称这种特性为"憎水性"。

荷叶的这一本领让科学家震惊不已，科研人员模仿荷叶的微结构，开展防污产品的研究。目前，美国已经开始研究如何将这种自净原理用于汽车制造，使驾车族不必再日日洗车。上海也已经研制出具有自洁效应的纳米涂料，它在干燥成膜过程中，涂层表面会形成类似荷叶的凹凸形貌，构筑一层疏水层。这样一来，灰尘颗粒只好在涂层表面"悬空而立"，并最终在风雨冲刷中流走了。纳米涂料的诞生，为城市、家居等墙壁"美容"打开了一扇新窗口。

这项技术还将应用于生产建筑涂料、服装面料、厨具面板等需要耐脏的产品。

圆圆的荷叶，像一把伞，静静地展开在水面，促人遐思，催生了人类发明的新芽！

让你着迷的蝉

《所见》是清代诗人袁枚写的一首五言绝句，写了夏天中午所见到的情景，其中有"意欲捕鸣蝉，忽然闭口立"之句，描述了牧童行走间，忽然想捕捉树上鸣叫的知了，就马上停止了唱歌，一声不响地站在树下，盯住鸣蝉这一场景。那么，蝉为什么要鸣叫呢？是不是所有的蝉都会鸣叫？关于蝉，有许多让我们熟悉又陌生的谜题。

蝉是长期生活在黑暗的地下的小昆虫。雌雄蝉交配后，雄蝉很快就衰老而坠地死去，留下雌蝉。雌蝉产下的卵半个月就孵化出幼蝉。幼蝉的生活期特别长，最短的也要在地下生活 2～3 年，一般为 4～5 年，最长的为 17 年。它们还要经过 4～5 次蜕皮后，才钻出地面爬上树枝，成为我们所见到的能唱歌的蝉。

蝉用什么来唱歌？也许我们一定会说，唱歌是需要张大嘴巴的，可是学者们研究发现，蝉儿唱歌并不需要嗓门。法国著名昆虫学家法布尔曾对蝉进行了多年的观察研究，并做了极其生动而细致的描述："蝉的翼后的空腔里，带着一种像钹一般的乐器。它还不满足，还要在胸部安置一种响板，以增强声音的强度，这种蝉为了满足对音乐的嗜好，确实作了很大的牺牲。因为有这种巨大的响板，使得生命器官都无处安置，只好把它们压紧到最小的角落里。为安置乐器而缩小内部器官，这当然是极热心于音乐的了。"可见，蝉是不需要"声带"的歌唱家。

雄蝉是"聋子"吗？为了研究蝉，法布尔曾蹑手蹑脚地站到雄蝉的背后，在距离很近的地方大声讲话，使劲吹哨子，拍巴掌，用石头与石头撞击，甚至找来两枝打野兽的火枪，里面装满火药，在蝉的旁边连连发射，声如霹雳，可是蝉还是悠闲自得地唱着。于是，法布尔得出的结论是：雄蝉是没有听觉的，它听不见周围发出的任何声音，甚至连自己声嘶力竭的鸣叫也完全听不到，它是个地道的"聋子"。100多年来，法布尔的结论一直被人们广泛接受，直到20世纪80年代，小学的语文教科书中关于蝉的部分仍沿用法布尔的观点：蝉是一个"聋子"。近年来，许多昆虫学家对蝉是"聋子"的结论表示怀疑。昆虫学家经过解剖发现，雌蝉的听膜虽比同种雄蝉小，但听脊却明显的大，听脊比听膜对声音的敏感性更高，证明雄蝉并不是"聋子"，只不过听觉不如雌蝉灵敏而已。

雌蝉是"哑巴"吗？有生活经验的儿童都知道，捕捉到的雌蝉，是不会鸣叫的，因此人们称雌蝉为"哑巴姑娘"。如果是这样，雌蝉不会说话，雄蝉又听不到自己在叫什么，岂不成了瞎叫唤？又怎么会让远处的雌蝉准确无误地找到"心上人"呢？有的科学家认为，当雄蝉拼命地高歌鸣叫时，能把方圆1000多米内的雌蝉召唤过来。当雌蝉飞到近距离时，雄蝉不断发出特有的低音量的"求爱声"，吸引雌蝉靠近。与此同时，雌蝉也能发出低音量应答声。这样相互默契才能达到交配目的。只不过雌蝉的这种低音量次声人耳听不到。究竟怎么样，至今还没有得到权威和公信的解释。

蝉，一种小昆虫，长大了喜爱吸食植物的根茎中的液体，被称为"害虫"，可是它身上的不解之谜一直吸引着人类的目光，让我们着迷：不仅知道唱歌的是雄蝉，而且是为爱情而歌，遗憾的是，雌蝉是否为"哑女"，或者能否用低音量的声音与"情人"进行窃窃私语，仍然是个谜团，答案还在人们的期待中……

长在大海里的"人参"

海参是一种棘皮科动物，被美誉为"长在大海里的人参"。我们小学语文中的《富饶的西沙群岛》等课文中多次提到它。因此，关于它的种类、习性、作用等令我们着迷。

海参分布在世界各大洋，它的种类很多，现在已经发现1100 种，以印度洋和西太平洋区域种类最多。我国沿海约有50 多种，能食用的海参有 20 多种，刺参的质量为最佳，驰名中外；乌参、乌元参也是上等参，它们的肉质良好；最大的海参是梅花参，它是海参之王，是质、味都非常好的食用参。经济价值最高的要算刺参和梅花参。全世界上千种的海参中，有 30 多种是有毒的，不能食用。其中以紫轮参、辐肛参、荡皮参、海棒槌等比较常见。这些海参体内含有的海参毒素比重大，其他海参也有这种毒素，但含量少，经过晒、洗、泡之后，大量毒液会基本消除，因此食用后不致发生中毒。

海参生活在水深 15 米左右的浅海底。它的身体呈圆柱

体，形状像小黄瓜。它的前端有口，长着许多小触手，有肛门，骨骼是微小的石灰质骨片。小海参长成大海参，一般要四五年的时间，而它的寿命只有九年。一只雌海参每年可产卵800万粒，但真正能成为海参的却微乎其微。因为多数的卵都被其他动物吃掉，也有的被海水污染而死掉了，还有的就是人类过度捕捉等种种原因。

刺参和梅花参都是海参中的大明星。我国有名的刺参主要产地在山东半岛和辽东半岛的沿海，在水深3～15米的岩礁或细泥沙的海底，栖息着许许多多的刺参，现在已经移植到浙江和福建一带沿海。刺参的身体表面长着许多肉刺，身体能伸能缩，夏天天气太热，找不到可口的食物，喜欢夏眠。它受到损伤或被割去一部分后仍能再生。我国梅花参产地主要是南海，尤其是西沙群岛和南沙群岛海域。那里栖息着的大型海参，长达90～120厘米，重100千克。它在5～30米深的海底爬行时，显得分外美丽。那橙色的背部缀满了一簇簇花瓣状的肉刺，头部周围长着20个花朵般的触手，宛如海洋中一朵朵盛开的"梅花"，因此而得名。梅花参也是海参中最大的一种。

海参是一种珍贵的海味，席上佳肴。它的营养价值较高，据分析，除了含有丰富的蛋白质以外，还含有钙、磷、铁、碘等物质。尤其是老年人，由于软骨素的减少，体质会越来越差，吃海参能补充一种明胶——氮和黏蛋白，具有延缓衰老的作用。因此，自古以来，人们一直把海参当作一种重要的滋补品。

海参也是重要的药源。一些药书上记载：白尼参能催奶和治水肿病；乌参焙干研成末，敷在伤口上能止血止痛。解放后经过科学家的反复研究和测试，在总结我国医学遗产的基础上，又有新的发展，我国产的刺参、绿刺参、梅花参、蛇目参等，对一些疾病有较好的疗效。这些海参可治肾虚阳萎、肠燥便秘、肺结核、再生障碍性贫血、糖尿病等，它的内脏可以用来治疗癫痫病等；海参的肠可治疗胃及十二指肠溃疡和小儿麻疹。除此之外，近年来还发现，从海参体内提取的海参素能抑制肉瘤的生长，有抗菌、抗癌的功效，为人类控制癌症开辟了新药源。

猿声为何啼不住

"朝辞白帝彩云间，千里江陵一日还；两岸猿声啼不住，轻舟已过万重山。"这是我们最为熟悉的李白的名篇《早发白帝城》，入选在小学语文课本里，描写了壮丽的长江三峡风光，情景交融，脍炙人口。可是，为什么说"两岸猿声会啼不住"呢?

公元 759 年寒冬，李白与妻子在浔阳江泣别。李白因参加反抗朝廷的永王李璘幕府事被牵连，被流放夜郎（今贵州省西部和北部）。不久，唐肃宗因关中大旱而发布赦令，李白也在被赦的范围中。听到赦令时，李白正行经至夔州一带，欣喜若狂，立即转身搭船，东下江陵。他在船头上吟出了这首名篇，其中"两岸猿声啼不住，轻舟已过万重山"最为出名。意思是，两岸猿猴的叫声还没停止，可那轻快的小船已经驶过了千山万岭。这两句诗先写猿声，接着写轻舟，用一个"已"字把"啼不住"和"过万重山"联结起来，借猿声回响衬托轻舟的快捷，把诗人归心似箭的心情抒发得淋漓尽致。

关于"两岸猿声啼不住"这一自然现象，人类早就注意到了。据《水经注》记载："每至晴初霜旦，林寒涧肃，常有高猿长啸，属引凄异。空谷传响，哀转久绝。故渔者歌曰：'巴东三峡巫峡长，猿鸣三声泪沾裳。'"可见，古代就有长臂猿在这里啼鸣。1987 年，中国科学院的一个考察组在三峡一带发现了长臂猿的下颌骨化石，证明长江三峡过去曾经有过长臂猿的活动。因此，李白当年途经三峡时听到猿啼写的是实景、真情。

几年前，英国科学家波尔·杰丁通过到热带丛林实地考察并用仪器测量，终于揭开了猿啼的秘密。他发现，首先每天清晨这段时间长臂猿会啼叫。当第一道阳光照射到树梢上的时候，长臂猿的大合唱开始，雄猿领唱，而后雌猿也加入伴唱，直到太阳升起时才结束。早饭后，这种合唱还继续一段时间。这是一天新生活的开始。其次，波尔·杰丁还发现，猿啼是一种特殊的语言，与它们的情感变化有关。一般来说，猿每隔两三年产子猿，子猿长到七八岁时，才开始离开父母独立生活。已经成熟的雄猿为了求偶就要不停地发出求偶的啼鸣，直到邻近的雌猿闻声进入它的地盘与它结成夫妻，建立家庭为止。这个家庭还有规矩：未成熟的小雄猿在家中不许单独啼鸣，以免招来异性。不过，当父母不在家时，小雄猿有时也会偷偷地叫上几声。

可见，猿啼是有目的的，主要是：为了呼唤异性，或者保护一夫一妻制而不许别人侵犯，或者是为保卫家庭的地盘，或者是为了呼唤离家的幼猿，等等。遗憾的是，目前人类学者对猿啼这种动物语言至今还没有研究透彻，还停留在推测阶段，没有完全弄明白它的真正内涵，或者说，人类还没有诞生懂"猿语"的"翻译家"呢。

猫身上的密码

《猫》是著名作家老舍先生为我们留下的名篇，细致、生动地描述了猫的古怪性格和它满月时的淘气可爱，对猫的喜

爱之情也跃然纸上。其实，猫这种小动物与人类生活密切相关，身上藏着许多鲜为人知的密码。

1·猫是怎样进化的

猫是人类的好朋友，许多文学、音乐等作品中都有它们可爱的影子。它属于哺乳动物，是靠吃奶长大的。那张圆形的脸上，嵌着又短又小的嘴巴，显得非常可爱。据资料统计，全世界大约有6亿只猫。家猫是遍布于欧洲、非洲和南亚的小型野猫的后裔。人类驯养猫的历史要比狗晚得多，大约在公元前7000年左右，可是它作为性情温顺、聪明活泼的动物，从一开始就与人类之间建立起了互利关系：猫捕捉家鼠，获得了丰富的食物来源，也为人类免除了讨厌的啮齿动物的困扰。

经过数千代的繁殖，家养的猫在生理上已经有了较大变化，包括形体变小，爪子缩短，大脑和颅腔容积缩小，伸展双耳和尾巴的姿态以及皮毛的颜色和质地也起了变化。但是，家猫与其祖先野猫相比，在外貌上变化不大，在早期的考古发现中很难加以区分。在不同的史前人类遗址附近都曾发现过猫的残骸，包括约9000年前的以色列新石器时代遗址，4000年前的巴基斯坦印度河谷遗址。有趣的是，在地中海的塞浦路斯岛上还同时发现了8000年前的猫和老鼠的残骸。可见，这些猫是有意被带到岛上来对付鼠害的，也说明猫捉老鼠的历史已经非常久远了。

2·猫眼"一日三变"之谜

　　猫之所以能轻而易举地捕捉到老鼠，是因为它有一整套高超的捕鼠"装备"。猫的胡须好比"雷达"天线，是猫身上很灵敏的器官，能探知洞穴的大小，然后，确定自己是否能通过；猫在打盹时，喜欢把耳朵贴在前肢的下方靠近地面，这是因为地面传声比空气要快，这样，一旦有老鼠走动，它就会立即惊醒。

　　猫能捕食老鼠，不仅得益于它有灵敏的听觉和嗅觉，还归功于那双奇特的眼睛。原来，猫的眼睛会"一日三变"。它能根据光线的强弱来放大或缩小自己的瞳孔。也就是说，猫眼的瞳孔在早、中、晚各不一样，"早晨如枣核，中午成一线，晚上似满月"。早晨阳光强度一般，猫的瞳孔就成了枣核状；中午阳光强烈，瞳孔便缩成一条线；晚上，在光线昏暗的情况下，瞳孔就开放得又大又圆，就像天上圆圆的月亮一样。由于猫眼的瞳孔能随光线的强弱而变化，因此，在光线过强或过弱的情况下，它照样能看清周围的事物。

　　人们在猫眼的启示下，发明了一种"人造猫眼"——夜视仪。夜间，可见光虽然很微弱，但人眼看不见的红外线却很丰富。科学家发明的红外线夜视仪可以帮助人们在夜间进行观察、搜索、瞄准和驾驶车辆。这种夜视仪在军事上已被广泛应用，士兵在夜间活动带上它，就像白天一样，能看到2000米远的物体，在许多战斗中屡建奇功。

3·"猫式转体"运动

猫能从几米高的树上或建筑物上轻盈地跳下来却安然无恙，被学者称为"运动平衡的专家"。那么，它为什么能够从高空落下而保持平衡，不会摔伤或跌倒呢？生物学家为了破解猫不怕摔、不怕跌、善于保持身体平衡的奥秘，进行了长期不懈的研究，发现这与猫体内的各种平衡器官有关。原来，猫的平衡器官比其他的动物要完善得多，当它从高处落下，身体失去平衡时，猫眼和内耳的平衡器官很快就会察觉到，神经组织立即会反应给大脑，然后传到四肢骨骼肌，接着快速引起肌肉的运动，将身体恢复到正常的位置，最后四肢着地，所以它不会摔坏。

也就是说，猫在空中极善于调整身体的姿态，几秒钟内就可以使自己的身体得到平衡，特别是那条长尾巴，对它的身体着地起着重要的作用；还有猫脚底上厚厚的垫子，在快要着地的时候，它的爪垫会变得很宽，将惯性冲力传到地面，能减缓它着地的冲力，减少震动，所以它从高处摔下来从不会摔伤，更不会摔倒。

在跳水运动中，"猫式转体"就是从猫自高空落地的姿势中得到启发而创立起来的。这是一套优美的高空跳水动作，跳水运动员要在空中做出各种复杂的空翻、转体动作，最后要保持同一规格的入水姿态，空中运动要平衡，落水要利落平稳，不能跌倒，也不能溅起太多、太大的水花。这是"猫式转体"在人类跳水运动中的典型运用，但是它比猫高空落地的姿势更加干净、轻盈、从容和优美。

4·猫爪的威力

猫有太多的魅力，不仅教会人类在跳水运动中使用"猫式转体"，还在汽车制造上设计出安全的垫型轮胎呢。

猫用四肢行走，前脚有五趾，后脚有四趾，脚底长有厚厚的肉垫，脚趾上长着锐利的爪尖，不用时，就将爪子钩缩藏在肉垫里，行走或跳跃时悄无声息。猫的爪子可以随意伸缩，而且往往是根据对象和自身的喜怒哀乐的程度来使用的。对于很小的鼠仔，猫总是用钩爪拍打腻了，玩够了再吃；对那些比较大的老鼠，猫从来不马虎，总是两眼窥视着，肚皮紧贴地面，悄悄地逼近，最后以迅雷不及掩耳之势扑向老鼠，置老鼠于死地……这一切与猫爪是分不开的。生物学家发现猫在跑动时，身体会变得窄小，而在跳跃时四肢的指垫会舒展开以使自己安全着地。德国的轮胎设计专家受此启发，根据猫的前爪垫的

功能，正在研究设计一种 AMC 垫型轮胎。这种轮胎的好处是，当驾驶员刹车的时候，轮胎与地面的摩擦力加大，这样可以大大缩短刹车的距离，从而使车辆行驶起来更安全。

树木年轮里的秘密

《院子里的悄悄话》这篇略读课文运用科学童话的形式，向我们介绍了自然科学知识，包括怎样依靠树木年轮来记录年龄、凭借树冠来指示方向和记录气候等。那么，树林年轮中还有哪些你不知道的秘密呢？

藏在年轮里的史实。一些考古学家经常会根据年轮来推算某些历史事件发生的具体年代，如在江海沉船发掘中，可以根据木船的花纹（年轮）来确定造船的树种、船的大小，也可以根据材质腐蚀状况确定沉船遇难的时代，以及与该时代有关的某些历史事件等。近年来，美国人提出，年轮记载着地震信息。他们认为，地震造成地面移动倾斜后，年轮上留下了树干力图保证笔直生长所做出努力的痕迹；又如根系横断层如位于断裂附近，由于生长受到阻碍，该年形成的年轮

就比较小。年轮上的这些史实，有助于我们了解到地震发生的时间和强度等。

刻写在年轮上的晴雨表。气象学家可以根据年轮上的信息，推测出几千年来的气候变化。如年轮宽表示那年光照充足，风调雨顺；年轮较窄，表示那年温度低、雨量少，气候恶劣。气候的这种变化，如果有一定的周期性，年轮上也会有所表现。美国科学家根据对年轮的研究，发现美国西部草原每隔11年发生一次干旱，并应用这一规律准确地预报了1976年的大旱。我国气象工作者通过对祁连山区的一棵古圆柏树的年轮研究，推算出我国近千年来的气候以寒冷为主，17世纪20年代到19世纪70年代是近千年来最长的寒冷时期，一共持续250年。还有，人们通过对西藏高原树木年轮的分析，初步了解到仅本世纪就有两次大的降温，目前该地区的气温正在明显回升；在本世纪20年代前后，降雨量也达到高峰，以后显著下降，目前又稍有增加。科学家还利用树木年轮的宽窄来分析太阳黑子周期活动的影响情况，他们提出，当太阳黑子增多时，太阳的活动剧烈增强，发射出的光与热也更多，从而大大加快了树木的生长，相应年轮的距离也增宽。通过年轮的分析也可发现，太阳黑子活动的平均周期为11年左右。

烙在年轮上的记忆。研究环境的科学家可以根据树木的年轮来推测当时、当地的环境污染情况。如德国科学家用光谱仪对费兰肯等3个地区的树木年轮进行研究，掌握了近

120～160 年间这些地区铅、锌、锰等金属元素的污染情况。此外，如果是重金属超标而致病，树林年轮上也会有记忆的。如在我国黑龙江和山东省一些克山病发病地区，发病率高的年份的树木年轮中的铂含量低于正常年份。如由开采金属矿藏，或金属冶炼加工中飞扬出来的重金属尘埃，逐渐沉降到附近的土壤中，树木在生长过程中，不断从土壤中吸进大量重金属，结果通过光谱分析，便可测出年轮中"记录"下来的各年吸收重金属的含量。当氟化氢气体的污染侵害松树只有几星期，从年轮上即可表现出生长不良的痕迹来。因此，近年来利用树木年轮来了解大气污染的情况也受到了人们的日益关注。

此外，专家还利用年轮的宽窄来了解林木过去几年的生长情况，预测未来的生长动态，以便更加科学地制订林业规划、确定合理采伐量、采取不同的经营措施等。

海底世界的奇观

《海底世界》是一篇科普知识性课文，生动有趣地介绍了海底奇异的景色和丰富的物产，包括各种各样的鱼类。其实，不仅烟波浩淼的海洋令人神往，幽暗的海洋深处也充满神秘的色彩。它像陆地一样，也有许许多多扑朔迷离、令人惊叹的自然奇观……

深不可测的海沟。世界上海洋的平均深度不到 4000 米，而全球 19 条海沟的水深却都在 7000 米以上，是名副其实的深渊。而且，它们都不是在大洋的中央，竟然大部分是环绕在太平洋的周围地带。那里终年暗无天日，听不到海面上的阵阵涛声，更看不见浅海上那些生物游动的身影。那里寂静、恐怖，仿佛是地狱的入口，有一股无形的力量把海底地壳拖了下去。1960 年 1 月 23 日，科学家乘坐美国的一艘深水潜艇，经过两个多小时的漂落，第一次到达了海底的最深处。水压计指示这里的水深是 11000 米，比世界最高峰珠穆朗玛峰还要高出 2000 多米。也就是说，如果把珠朗玛峰装到海洋中的这条深沟里，再加 2000 多米才能露出头呢。当时，这条潜艇承受了大约 15 万吨重的压力，特制的合金钢外壳竟然被压缩了 1.5 毫米。

连绵起伏的海底山脉。海底地貌大家庭中，有一个重要的成员——洋中脊，它就像屹立在洋底的巨大"山脉"。各大洋底部的山脉首尾相接，像列车一样，总长度约为 8 万千米，约占海底总面积的 33%，与地球上全部陆地面积也相差无几。风光绮丽的夏威夷群岛就是太平洋中部海底山脉的一部分，它最高处超出水面 4200 多米，最低处在水下 6000 米深处，

也就是说，这座海底山峰的高度在 1 万米以上。在拉丁美洲的巴巴多斯岛东部海下 5000 米深处，发现了一座泥火山，借助深海潜望镜，可看到一个宽为 1000 米的椭圆形火山口，离火山口中心部的 20 米处，可以看到正在翻滚的泥浆，整个火山口被一层密密麻麻的黄色菌类植被覆盖着。海底山脉与大陆上的山脉构成不同，它主要是由硅镁质的火山岩组成，是一种特殊的地貌。

纵横不断的海底峡谷。像陆地一样，海底有海沟，有山脉，也有峡谷，有的异常壮观，气势超过著名的长江三峡。如从恒河口到孟加拉湾，有一条宽 7000 米，深 70 多米，长达 1 海里的海底峡谷，一直潜入 5000 多米深的印度洋底，整个峡谷所占的面积超过恒河流域的面积。海底峡谷中水流湍急，与平静的海面形成鲜明对比，是大海中的另一种风景。

壮观无比的海底瀑布。世界上最高的瀑布安赫尔瀑布，它从高耸的峭壁上飞流直下，落差达 979 米，比世界闻名的尼亚加拉瀑布高 15 倍。然而，海洋探险家们在冰岛和格陵兰岛之间的大西洋海底，发现了一个名叫丹麦海峡的海底特大瀑布，瀑布高 3500 米，比安赫尔瀑布还要高四倍。据估计，它每秒钟就有多达 50 亿升的海水从水下峭壁倾泻直下，水量之大十分惊人，相当于在一秒钟内将亚马孙河水全部倒入海洋的流量的 25 倍，但人类还无法目睹这一海底奇观。在澳大利亚和塔斯马尼亚岛之间的巴斯海峡的海底，也有一条高达

400 米的巨大瀑布，瀑布每秒钟约有 3 万立方米的海水倾泻而下。其实，人们早在 100 多年前就指出在有限的海洋区域的巨大深度上有着规模宏大的海底瀑布。20 世纪 60 年代以后，由于出现了电子仪器，才得以对这种世界奇观的存在进行核实。考察发现，海底瀑布是由海底垂直地形引起的海水下降流动，它对维持深海海水的化学成分和水动态平衡起着决定性的作用，影响着世界气候变化和生物生长。

洁白无瑕的海底"雪山"。 在大西洋中脊裂谷中央有一座高仅 2500 米的海底小山，是终年披着雪白外衣的"雪山"，海洋学家把它称为"维纳斯"。1973 年 8 月，法国和美国海洋学家乘坐"阿基米德"号用深潜器取样后发现，"雪"山上的积"雪"是一层薄薄的沉积物，并不是我们陆地上那种晶莹的雪花。不过，作为一种奇特的海底地貌，仍然魅力无穷。

茂密昌盛的海底森林。 在我国福建省云霄县樟江口的天然红树林保护区，有一处世界上独一无二的海底森林。它是我国保护最好、树种最多的一处海底森林。在那里，红树林高低参差不齐，涨潮时被海水吞没，只有高一些的（最高的可达 5 米）微露梢头，随波摇曳，宛如无数手臂在依依挥别。落潮后，茂密的海底森林又立即展现在我们的眼前，可以看到那些树木发达的根部。当欣赏它们盘根错节、缠来绕去的奇妙姿态的时候，人类的心灵会又一次深深的感叹：大自然啊，真是鬼斧神工，曼妙无穷！

"绿油油"的海底草原。在陆地上，在茂盛的大草原，那里是马、牛、羊等食草动物的乐园，也是蜜蜂、蝴蝶等昆虫的游乐场。那么，海底的草原呢？人们发现，在我国海南岛东部沿海有几处面积 3～5 平方千米不等的海草床，海草分布在海底水深 2 米左右位置，海草高的达 1.5 米，主要生长着喜盐藻、海菖蒲、泰莱草、二药藻等品种。这些海草不仅能为幼小的鱼、虾、蟹等海洋生物提供良好的栖息地和庇护场所，而且由于它们根系发达，有利于抵御风浪对近岸海底的侵蚀，对海洋底栖生物也具有保护作用，并能通过光合作用吸收二氧化碳，释放氧气溶于水体，有效地改善渔业环境。海底草原，那是海底生物的家园。

变化莫测的海底"风暴"。每当陆地上的风暴骤然而至，居民们总是畏惧地躲避起来，就是那些喜欢在风暴中飞翔的鸟类也会惊恐地收敛翅膀。那么，海底也有风暴吗？有，而且因为它的出现，把大海搅动得沸腾起来。一般的深海水流的流速为 0.02 米／秒，当发生海底风暴时，它的移动速度会骤增到 3 米／秒。当海底风暴袭来时，海底也会发生类似陆上尘暴的景观。海底风暴所经过之处，无论是爬行动物、植物，还是礁石和海底通讯电缆、测量仪器都会被掩埋在沉积层之下。科学家发现，在墨西哥湾 300～1000 米深的海底就有这样的奇观。

飞龙走蛇的海底电闪雷鸣。在夏季，特别是在热带，电闪雷鸣是常有的自然现象，它像飞龙，像走蛇，在天空疾驶

而过，留下震耳欲聋的响声在人们的耳际回荡。那么，海底也会有电闪雷鸣吗？科学家研究发现，这种现象在海洋里也存在。虽然海水中蕴含着大量盐分再加上它的浓度大，海水有良好的导电性能，不可能贮存大量的电荷，但是陆地附近的海岸的空中，与海底连接的岩石，能够充当天然传导管的角色，把电荷传到海底，所以产生了放电现象。科学家在日本海域的海底发现，不仅在 200 米左右的浅层海水里有这种奇特现象，而且在 500 米深度的深海也有这种奇观，这把科学家们震惊得目瞪口呆。

......

海底奇特的地质地貌、自然现象越是不可思议，越折射出神奇的魅力，越容易激发人们强烈的探究欲望，也越让我们惊叹大自然的神奇力量！

海豚教给人类的发明

海豚是我们非常熟悉的动物，关于海豚救人的故事早已家喻户晓。《海豚救人》这篇课文就是先举例介绍海豚救人的

现象，然后解释发生这种现象的原因，说明海豚是人类的好朋友，人与动物之间应该和谐相处。海豚不仅是游泳能手，而且智商很高。人类以它为师，发明了潜艇、水下探测器等。

海豚不论是疾游、潜游，还是腾跃，动作总是那么优美、协调，令人赞不绝口，堪称是技术娴熟的"游泳家"了。如果在短距离内冲刺，海豚的游速可达到每小时120千米，即使是现代化的核潜艇想追捕它也是望尘莫及。那么，海豚为什么能游那么快呢？这得益于它的身体结构。一是海豚有着美妙的流线型身体。这种流线型的圆锥体十分光滑，在水里游起来摩擦力小，所以游速很快。二是海豚的皮肤与众不同。它不仅有一个理想的流线型体形，而且还有特殊构造的皮肤结构。它的皮肤分两层，外层很薄而富有弹性，这种弹性类似最好的汽车用橡胶。而内层是充满脂肪的弹性纤维，纵横交错的纤维，紧紧地把它的身体包裹起来，还具有储存和传递能量的功能，使它的身体十分柔韧。皮肤的这种结构，能使水流的振动减弱，摩擦力减小。也就是说，这种橡胶似的皮肤，在水里游起来能抑制浪花的产生，从而减少行进的阻力。

仿生学家经过长期的观察研究，终于发现了海豚皮肤的巧妙构造，并模仿它，用富有弹性的有机材料制成一种多层的潜艇外壳——"人造皮肤"。这种人造皮肤是由三层橡胶组成的，总厚度为2.5毫米：外层是模仿海豚的表皮层的外层的，非常光滑，厚度0.5毫米；中层是模仿海豚的真皮及胶

原组织和脂肪，有橡胶乳头，它们之间的空间充满黏滞性的硅树脂液体；下层厚度0.5毫米，它与模型体接触，起支持板的作用。当水的压力作用于人造皮肤时，液体在橡胶乳头之间的流动完成消振器的作用，使漩涡消失在物体附近的有限水层中。潜艇穿上这套"外衣"后，在水中运动受到的阻力会大大下降。换句话说，穿上这身"外衣"，航行时的速度比以前提高了许多。后来，科学家按照海豚的体形轮廓、身体比例及皮肤的双层结构设计制造了一艘核潜艇，上浮、下潜、水面航行或水下航行的速度提高了25%左右。难怪人们说，从海豚身上得到借鉴，完成了潜艇制造技术的一次革命。

海豚长年生活在水里，光线微弱，视物不清，却能够发现三千米以外的鱼群，并且能够准确地确定鱼群的大小、方位和距离，而对于近处细如发丝的导线也能够及时避开。那么，它是怎么来发现周围异样的敌情或猎物的呢？原来，海豚有奇妙的回声定位系统，是根据超声波来传递消息、判断情况的。

海豚身上的这套精确的回声定位装置和蝙蝠一样，能发出超声波在水中准确定位。因此，有人称海豚是"生活在海洋里的蝙蝠"。所不同的是，海豚的超声波发生器位于头部，在呼吸孔和呼吸道中间。当海豚吸入的空气跑进气囊时，瓣膜关闭；空气通过时，引起瓣膜震动，发出超声波，空气在气囊里循环地流过，就可以不断地发出超声波来。它的头部还有块脂

肪，起"声透镜"作用，把脉冲聚焦后再发射出去。当超声信号遇到目标时，产生的回波被耳或头部的其他部分接收。

人类受到海豚的启示，对它进行人工训练，能帮助人们寻找和回收鱼雷和水雷，侦察海底潜水艇的踪迹；让海豚发出类似潜艇的声音，来迷惑敌人，或者让海豚带上炸药去炸沉潜艇。不仅如此，科学家还模仿海豚制造了一种水下探测器材——声纳。这种仪器发出的声波或超声波在水中传播，在遇到障碍物时发生反射，经接收器的作用，在指示器上就可得知障碍物的位置；它也可以用来接收水中物体发出的声音，以测定物体的方位，有时也用来进行水中通信；把它安装在舰船上，能在水中搜索、侦察目标，并能准确地测量目标位置，从而使舰船绕过暗礁，安全航行；如果将它安装在渔船上，还能及时地发现鱼群的动向、数量及种类呢。

海豚救人之谜

《海豚救人》这篇课文告诉我们海豚是怎样救人，为什么能够救人，教育我们要把海豚当作好朋友，应该保护动物。

可是，海豚为什么要救人，文章中并没有讲清楚。原来，这也是一个有争议的问题，或者说，是一个至今学者无法解开的谜团呢。

海豚救人的"事迹"时常见于各种媒体。据1949年美国佛罗里达州一位律师的妻子在《自然史》杂志上披露，她在海上曾被海豚奇迹般救助。她在一个海滨浴场游泳时，突然被海水中的旋涡吸了下去，当一排排汹涌的海浪向她袭来，在她即将昏迷的一刹那，一条海豚飞快地游来，用它那尖尖的喙部猛地推了她一下，接着又是几下，一直到她被推到浅水中为止……海豚不但会把溺水者推到岸边，而且在遇上鲨鱼吃人时，它们也会见义勇为，挺身相救。1959年夏天，"里奥·阿泰罗"号客轮在加勒比海因爆炸失事，许多乘客都在汹涌的海水中挣扎。突然，一大群鲨鱼云集而来，在这千钧一发之际，成群的海豚犹如"天兵神将"突然出现，向贪婪的鲨鱼猛扑过去，赶走了恶魔，使遇难的乘客化险为夷。

至于海豚为什么要救人，大致有这样几种观点：

一是海豚这样做是出于本能。研究海豚的专家曾做过许多试验，发现海豚对于面前漂过的任何物体，不论是死海龟、旧气垫，还是救生圈、厚木板，都会做同样的事情，努力地用尖尖的嘴巴拱它们，希望把它们推出水面或岸边。1955年，在美国加利福尼亚海洋水族馆里，有一条海豚为搭救它的宿敌——一条长1.5米的年幼虎鲨，竟然连续8天把它托出水

面，结果这条倒霉的小鲨鱼终于因此而丧了命。据此，海洋动物学家认为，海豚救人完全是出于对其子女的"照料天性"。

原来，海豚是用肺呼吸的哺乳动物，游泳时可以潜入水里，但每隔一段时间就得把头露出海面呼吸，否则就会窒息而死。对刚刚出生的小海豚来说，最重要的事就是尽快到达水面，但如果遇到意外的时候，海豚母亲就会用喙轻轻地把小海豚托起来，或用牙齿叼住小海豚的胸鳍使其露出水面直到小海豚能够自己呼吸为止。这种照料行为是海豚及所有鲸类的本能行为。这种本能是在长时间自然选择的过程中形成的，对于保护同类、延续种族是十分必要的。由于这种行为是不问对象的，一旦海豚遇上溺水者，误认为这是一个漂浮的物体，也会产生同样的推逐反应，从而赢得了"义务救生员"的美名。

二是海豚救人完全是智慧之举。支持这种观点的专家指出，海豚十分聪明伶俐，有一个发达的大脑，而且沟回很多，沟回越多，智力便越发达。一头成年海豚的脑均重为 1.6 公斤，人的脑均重约为 1.5 公斤，而猩猩的脑均重尚不足 0.25 公斤。从绝对重量看，海豚为第一位，但从脑重与体重之比看，人脑占体重的 2.1%，海豚占 1.17%，猩猩只占 0.7%。可见，海豚是一种高智商的动物，救人的"壮举"是一种自觉的智慧举动，并不是盲目的。这也是为什么海豚会把落水的人推向海边而不是推向大海深处的原因所在，以及为什么

海豚勇敢地面对鲨鱼的进攻而出手救人的理由。

三是海豚救人是出于"贪玩"的天性。有的海豚研究者认为，海豚天生好动，善于模仿，最喜爱的就是在水中嬉戏，所以一旦它发现有物体漂浮在海面，或者半沉半浮在海水中，都会当成玩具，半推半玩地把它带到浅水区，甚至推到了岸边。至于从鲨鱼口中救人，那是海豚担心天敌来抢自己的玩具，才不惜一搏，依靠自己的成群结队的力量把喜欢单打独斗的鲨鱼赶跑。

谁是谁非？大海茫茫，海豚无语，人类还在不懈地探索着。